ARSÈNE HOUSSAYE ET JULES SANDEAU.

MADAME
DE VANDEUIL

Victor Magen, éditeur.

MADAME
DE VANDEUIL.

MADAME
DE VANDEUIL

PAR

ARSÈNE HOUSSAYE

ET

JULES SANDEAU.

PARIS.
VICTOR MAGEN, ÉDITEUR,
QUAI DES AUGUSTINS, 21.
—
1843

MADAME DE VANDEUIL.

I.

Il y a quelques années, un jeune médecin allemand, Franck Nebelstein, un peu baron, comme tous les Allemands qui voyagent (nul n'est prophète en son pays), vint débarquer à Paris pour y étudier ou pour y faire fortune. Quoique Allemand, c'était un beau garçon, ne manquant ni de grâce ni de laisser-aller. En outre, il avait de l'esprit, ni trop ni trop peu, ce qu'il en faut pour faire son chemin. Il était un peu volage et un peu insouciant. Vous devinez sans peine qu'un médecin de cette nature, n'ayant pas vingt-sept ans, devait faire quelque chose, mais non pas fortune.

C'était, d'ailleurs, un médecin d'un nouveau genre; il affichait la prétention de guérir le corps en consultant le cœur : il devait faire fureur à Paris parmi les femmes, — vous savez lesquelles? — Pour cette méthode, qui ne vaut guère moins qu'une autre (j'en excepte celle du docteur Sangrado), il avait surtout recours au magnétisme. Au bout d'un an de séjour à Paris, il était surnommé le beau magnétiseur dans un certain monde, ou plutôt dans un monde incertain, dans le monde des femmes libres, libres par le veuvage naturel, par le veuvage forcé, par l'émancipation et autres accessoires. Il avait débarqué au beau milieu de la rue Laffitte, et comme, en sa qualité de baron allemand, il n'avait ni baronnie ni revenus, il fut bientôt au bout de ses ressources : comment se faire payer de ces femmes charmantes qui se laissaient magnétiser de si bon cœur? Cependant, il fallut qu'il se résignât à déloger un beau matin sans armes ni bagages. Il alla, tout désenchanté, se réfugier avec ses dernières espérances à l'hôtel Corneille, qui est presque encore la Chaussée-d'Antin dans le pays Latin. Il trouva là bon nombre d'étudiants riches ou faisant des dettes, ce qui revient au même : tous devinrent ses amis et ses agents d'affaires; ils le prônèrent partout comme le phénix du magnétisme, et en même temps comme le vrai disciple de Gall et de Lavater. Ils firent si bien son compte, que, peu de mois après, il était plus florissant et plus baron que jamais : en revanche, il n'y avait plus un seul malade en l'hôtel Corneille, grâce au magnétisme. Mais son ami le plus dévoué était là un étudiant en droit, un peu poëte, qui voyait le beau monde : M. Léon Durand s'était pris d'une belle et bonne amitié pour notre Allemand, qu'il trouvait original. Il le conduisait partout, même à la Chaumière, même chez ses maîtresses. Franck n'abusait pas de cette confiance, quoiqu'il fût un peu amoureux de toutes les jolies femmes qu'il rencontrait sur son chemin. Jusque-là, pourtant, il n'avait aimé qu'en passant; il lui vint enfin une passion plus durable. C'est l'histoire de cet amour sérieux que je vais vous raconter ici le plus simplement du monde. Bâtir sur l'amour, c'est bâtir sur le sable, dit le proverbe. Cette histoire vous dira comme le proverbe.

II.

A la porte du Luxembourg, Franck, qui rêvait souvent par là, vit un matin un groupe de promeneurs autour d'un industriel assez curieux : c'était un homme de mauvaise mine, qui vendait aux passants, pour moins que rien, pour deux sous, la liberté de quelques pauvres oiseaux qu'il avait attrapés. Les tristes esclaves redemandaient le ciel, leur patrie, par des cris gémissants; mais la foule insensible, qui avait un sou pour toutes choses, — pour passer le pont des Arts, — pour acheter un bouquet, — pour donner au joueur de vielle, regardait insoucieusement les oiseaux encagés sans songer à leur délivrance. Une marchande de bouquets traversa la foule, en secouant un enivrant parfum de violettes et de roses de mai. Il y avait là des femmes avec leurs amants et avec leurs maris. Les maris et les amants s'empressèrent d'offrir des bouquets à leurs belles; l'une d'elles dit à l'un d'eux qui lui offrait des roses de mai : — J'aimerais mieux voir s'envoler une hirondelle. L'amant ou le mari s'empressa de donner deux sous à l'oiseleur, et l'oiseleur ouvrit la porte de la cage : une mésange, qui guettait l'instant propice, prit son vol et disparut dans le ciel. Franck regarda avec reconnaissance la plus humaine de toutes les femmes qui étaient là; un long voile noir empêchait de voir sa figure.

L'oiseleur, qui avait refermé la cage, répéta son refrain : — Messieurs et mesdames, mesdames et messieurs, un peu d'humanité, s'il vous plaît. Voyez comme ces pauvres oiseaux souffrent dans cette prison, tandis qu'ils seraient si bien dehors. Voyez-les battre piteusement des ailes en demandant la liberté que je ne vends que deux sous. Deux sous, messieurs, deux sous, mesdames, et les prisonniers s'envoleront au ciel en chantant vos louanges. Ayez pitié d'eux. Les rochers verseraient des larmes en les voyant si malheureux dans cette cage, en entendant leurs plaintes qui me déchirent les entrailles. Que les riches sont heureux de secourir les affligés ! — Ah ! je voudrais être riche ! — Hélas ! si j'avais seulement du pain à donner à mes pauvres enfants et à ces pauvres oiseaux ! — Admirez leur beau plumage et leurs pattes mignonnes ! Plaignez-les et secourez-les !

« Cet oiseleur, pensait Franck, dont les yeux demeuraient attachés sur le voile de la jeune femme compatissante, cet oiseleur ressemble singulièrement aux riches philanthropes qui se sont d'abord emparés des biens des faibles et qui finissent par prêcher en leur faveur. » La jeune femme supplia encore du regard pour les pauvres captifs celui qui l'accompagnait. Franck vit ce regard à travers le voile, il pensa que celle qui priait pour la liberté des oiseaux traînait alors les chaînes d'une esclave. Pour la consoler, il s'approcha de l'oiseleur et offrit de lui payer la liberté de tous les oiseaux. La marchande de bouquets qui l'écoutait voulut avoir sa part dans la gloire de cette délivrance : elle ouvrit la cage pour son argent, elle glissa sa main rouge vers l'un des coins, elle saisit un moineau ébouriffé qui gémissait là depuis deux jours et qui semblait résigné à la mort. Tout le monde la regardait avec intérêt ; le marchand lui-même, qui tendait la main à ses deux sous, était touché de cette bonne œuvre. Elle baisa les plumes grisâtres du captif et le jeta au-dessus de la foule en lui criant : bon voyage ! Franck fut jaloux du regard qui tomba sur elle des yeux de la femme voilée. Il s'empressa de rouvrir la prison, et ce fut un charmant tableau que la vue des prisonniers s'échappant en foule et se dispersant dans le ciel. Franck en était si charmé qu'il ne vit pas disparaître le voile noir ; il prit toutes les roses de mai de la marchande de bouquets, et lui demanda d'un air distrait où était passée celle qui les avait refusées. — Celui qui était avec elle l'a emmenée rapidement par là, répondit la marchande de bouquets en se tournant en face de l'Odéon ; — il semblait jaloux de votre bonne œuvre et de votre bonne mine, poursuivit-elle avec complaisance.

Franck suivit la trace de la femme voilée jusque sous l'arcade, où il s'arrêta soudainement : — La suivre ! quelle folie, murmura-t-il avec un soupir.

En levant le regard, il vit encore quelques oiseaux dans le chemin du ciel.

— Chantez pour elle, leur dit-il; ce n'est pas moi qui vous ai délivrés, c'est son regard. — Au fond des bonnes œuvres, il y a toujours quelque chose d'étranger aux bonnes œuvres. — O mes chers oiseaux! je ne vous ai pas délivrés pour vous, mais pour elle.

III.

Au déclin de l'automne, Franck traversait rapidement les Champs-Élysées, dans l'espérance d'échapper à une sombre tristesse qui le dévorait depuis quelques jours. Le soir répandait ses teintes brunes dans le lointain ; le vent secouait les grands arbres, dont les feuilles rougies fuyaient bruyamment ; le ciel était gris partout ; à peine y devinait-on le soleil sur la rive occidentale. Franck devint plus triste encore; il semblait que son âme se couvrît de nuages comme le ciel, et que son soleil se fût caché pour longtemps. Il contempla avec amertume sa vie passée : il n'y trouva pas à cet instant le moindre souvenir de joie qui lui servît de refuge contre sa tristesse ; il plongea vainement dans les abîmes de son âme : au lieu d'un rayon qu'il cherchait, il vit des nuées lugubres flottant dans la nuit.

Il s'arrêta tout à coup devant une jeune femme vêtue d'une longue robe noire.

Elle était pâle et désolée; elle suivait des yeux les feuilles que le vent balayait, mais elle ne voyait sans doute qu'avec les yeux de l'âme. Perdue dans sa vaporeuse rêverie, Franck s'imagina voir l'image de sa vie : mais un bruit de pas la réveilla soudain ; elle frémit et marcha plus vite pour échapper à un homme qui la suivait; elle fuyait cet homme comme Franck fuyait sa tristesse.

Elle dépassa Franck, qui fit involontairement quelques pas vers elle, violemment ému par ce spectacle bizarre. L'homme qui suivait lui jeta un regard terrible, et se drapa dans son manteau, sans doute pour avoir l'air plus superbe. Franck, qui ne s'effrayait pas de si peu, ne s'arrêta point; il parut oublier la présence de cet homme; il se rapprocha de la jeune femme, qui releva la tête pour mieux distinguer le bruissement des pieds dans les feuilles sèches. Tous les trois marchèrent ainsi pendant quelques minutes; mais, à son tour, l'homme en manteau dépassa Franck, en l'effleurant. Franck, froissé, fit siffler sa badine à diverses reprises, en l'agitant aux oreilles de l'homme au manteau. La nuit tombait, et avec la nuit quelques gouttes glaciales. La jeune femme leva son parapluie; elle le laissa bientôt tomber sans l'ouvrir, dans la crainte que le bruit de l'eau sur la soie ne l'empêchât d'entendre le bruit des pas de Franck et de l'homme au manteau; mais, malgré l'insouciance qu'elle essaya alors de déployer, cet homme devina son motif, et lui cria d'une voix colère : « Il pleut, madame. » Ces trois mots firent trembler la jeune femme, et passèrent dans le cœur de Franck comme une note discordante. Égaré par la colère, il oublia que la jeune femme n'était pas une fille d'Opéra; il s'en fut droit à elle et l'arrêta tout à coup.

— Madame, lu dit-il d'une voix étouffée, permettez-moi de vous offrir mon parapluie.

Et comme il n'avait pas de parapluie, il saisit vivement celui de la femme, qui n'eut point la force de lui résister.

L'homme au manteau repoussa dédaigneusement Franck.

— Vous insultez ma femme, lui dit-il.

Franck fut atterré par ces paroles; mais il se ranima au même instant, et répondit d'une voix amère :

— Je ne voulais insulter que vous, monsieur.

La jeune femme chancelait. Franck, qui

vit la pâleur de ses lèvres et l'égarement de ses yeux, tendit un bras pour la soutenir; mais, toute suppliante, elle lui fit signe de s'éloigner.

— Mais, madame...

— Monsieur, de grâce!

Il s'éloigna. Il voulut au moins la suivre de vue, mais à vingt pas de là elle s'était perdue parmi les promeneurs.

— Adieu donc! dit-il tristement.

Bientôt il se souvint confusément que cette femme en deuil était celle qu'il avait vue, à la grille du Luxembourg, implorant pour la liberté des oiseaux.

IV.

Pendant ses promenades à travers Paris, il attachait son regard sur toutes les élégantes vêtues de robes noires et coiffées de chapeaux blancs. Franck effleurait au passage ces élégantes ; mais son regard avide le désenchantait bientôt. Parmi toutes ces reines de la mode, c'est en vain qu'il chercha la reine de son cœur.

Pendant l'automne, pendant l'hiver, il courut partout et ne la revit pas; quand revint le printemps, le désespoir le saisit avec autant de violence que l'amour; et quand il se fut beaucoup désespéré, son amante anonyme disparut de l'autel d'or qu'il lui avait élevé, la tête reprit son empire. Il se prit à douter des saintes aspirations de son âme, il retourna à ses folâtres amours. Mais le cœur ne tarda guère à être vengé de la tête.

Franck se promenait solitairement un matin sous les grands marronniers des Tuileries; tout à coup il se sentit violemment ému à la vue d'une femme qui s'asseyait à quelques pas de lui. Devant cette femme, un homme lisait un grand journal avec une gravité bouffonne.

— Voilà l'homme et voilà la femme! dit Franck avec agitation.

Un rayon de soleil, glissant par un œil du feuillage, tremblait sur l'épaule de la jeune femme, qui penchait tristement la tête pour échapper au soleil. Ce fut en vain que Franck la regarda d'un œil ardent, il passa sans qu'elle relevât la tête. Il revint bientôt sur ses pas, et cette fois, en repassant devant la jeune femme, il devina qu'elle l'avait vu, car sa main fit trembler la vieille chaise qui lui servait d'appui ; l'homme secoua dédaigneusement la tête, en jetant son journal sur la chaise.

Seulement alors Franck pensa aux sottes bravades de cet homme. Il s'arrêta et voulut aller à lui ; mais un regard adorable cloua ses pieds sur le sol, et le plongea dans un ineffable ravissement. L'homme, poursuivi d'une ambitieuse pensée, ne prit pas garde à Franck, qui demeurait en contemplation devant la jeune femme, dont le regard suivait les feuilles rougies. Elle leva ses paupières, et Franck vit briller deux larmes. Ce fut une pure et sainte rosée qui ranima son âme. Si jamais une joie du ciel l'a ravi, ce fut à cet instant suprême ; mais au travers de nos plus grandes joies, nous voyons

toujours passer quelque chose de lugubre
comme un fantôme durant nos songes d'or.
Dans son extase, Franck n'oublia pas qu'il
était sur la terre. Cette femme venait de le
ravir par deux larmes venues du cœur; mais
n'était-ce point quelque peine secrète qui
mouillait ses yeux? Ses pleurs n'étaient-ils
pas des confidents d'une profonde douleur?
Franck se sentit trop agité pour demeurer là
plus longtemps; il pensa qu'au bout de l'allée, il saisirait mieux les nuances de sa joie
et de sa tristesse; d'ailleurs, un regard tremblant de la jeune femme, un regard qui semblait le supplier de partir, vint soudainement
détacher ses pieds du sable. Il marcha jusqu'à la sortie du jardin sans pouvoir vaincre la crainte enfantine de retourner la tête.
Il revint encore sur ses pas; mais, à son retour, l'homme et la femme avaient déjà disparu. Il plongea son regard autour de lui,
il courut au hasard sous les grands arbres;
ce fut en vain : il avait reperdu son amour.

Ce jour même, par contre-coup, il reçut

de bonnes nouvelles d'Allemagne. Il avait un vieux cousin fort riche et fort entêté, qui mettait beaucoup de mauvaise volonté à mourir: ce vieux cousin venait enfin de mourir, léguant à Franck un petit majorat. Cet héritage arrivait fort à propos. Franck quitta l'hôtel Corneille, et recommença un train de vie digne d'un baronnet; il prit un logis dans la rue de Tournon, et, résolu de vivre en homme sage, quoique amoureux, il arrangea sa vie d'après ses revenus, ne comptant pas trop sur le magnétisme.

V.

A quelques jours de là, Franck trouva Léon Durand plus joyeux que de coutume.

—D'où vous vient aujourd'hui cette gaieté si folle? lui dit-il en l'abordant.

— C'est que, plus que jamais, me voilà perdu dans l'étude du droit; — en outre, je suis amoureux de la plus belle marquise du monde, un ange qui a perdu ses ailes dans le ciel; dans un an je serai notaire, j'épouserai ma princesse et je n'aurai plus d'amis. Vive la joie!

— Une marquise? murmurait Franck émerveillé de la métamorphose de Léon Durand.

— Oui, une marquise qui vaut mieux que toutes les muses présentes et passées, ce qui est la même chose ; une belle fille de mon pays que j'ai rencontrée par miracle chez un M. de Vandeuil, dont l'aïeul était cousin à je ne sais quel degré de ma grand'mère. J'ai dit hier adieu aux muses et aux folles amours; adieu, messieurs, adieu, mesdames; voilà bien assez d'élégies comme cela : les testaments et les contrats de mariage sont des choses bien plus amusantes... Par-devant maître Durand... Veux-tu que je fasse ton testament? Mais il ne s'agit pas de testaments aujourd'hui; tu as dans les yeux une fascination qui fait pâlir toutes les femmes atteintes de ton regard, j'ai dit partout que tu étais le plus puissant magnétiseur. La femme de mondit sieur de Vandeuil, qui est

veuve pour quinze jours, et qui en est malade
de joie, demande avec instance un médecin
qui puisse la magnétiser ; c'est une bonne fortune pour ta tristesse, car madame de Vandeuil
est la plus belle femme du monde — après
mademoiselle de Sancy. Mais ne va point
t'aviser d'en devenir amoureux, car son
mari est un Othello qui se venge plus soudainement que vous, monsieur le médecin;
ne t'avise pas non plus de t'éprendre de
mon adorable marquise, ni de la fasciner
de ton regard.

— Quel est donc ce M. de Vandeuil?

— Un noble de la vieille roche, ayant peu
de fortune et vivant à Paris dans la plus austère solitude. Il adore sa femme, mais son
amour jaloux est pour elle un martyre plutôt qu'une joie; il l'emprisonne dans sa jalousie; sa demeure est un couvent d'où la
pauvre femme ne sort presque jamais. Je suis
le seul profane admis dans ce lieu ; car l'Othello me fait l'injure d'avoir confiance en
moi; son œil jaloux a lu dans mon âme la

première fois que j'ai vu madame de Vandeuil, et il a deviné qu'il serait superflu d'avoir des craintes à mon égard; un autre profane admis en cette retraite, c'est la jeune marquise de Sancy, que madame de Vandeuil a connue au couvent.

Franck suivit Léon chez M. de Vandeuil avec le plaisir d'une jeune fille qui va lire un roman : c'était au voisinage, et en passant sous la grande porte, il se souvint d'avoir souvent admiré les fantaisies grotesques de l'architecture. A peine en eut-il franchi le seuil, qu'il échappa tout d'un coup au voile flottant de ses songes, un sentiment ineffable remplit son âme.

— Et cette femme est malade? dit-il à Léon.

— Son veuvage l'effraie tant, qu'elle en mourra, répondit Léon avec un sourire moqueur.

— Son veuvage?

Son mari est parti hier pour Toulouse, où l'appelle sa famille; or, depuis ce matin elle est étrangement agitée par l'idée d'être seule : est-ce une idée noire, est-ce une idée rose? est-ce la peine, est-ce la joie? je ne sais. Si tu parviens à la magnétiser, essaie de découvrir les mystères de son cœur, qui doit être un abîme étrange, car cette femme n'a jamais rien confié. J'oubliais de te dire que tu viens ici le plus mystérieusement du monde; une seule parole indiscrète la perdrait à jamais. Ne t'avise pas d'être galant avec elle; car, outre qu'elle semble morte à l'amour, elle est surveillée par la mère de son mari, une chaîne mortelle qu'elle est condamnée à traîner partout. Ainsi, souviens-toi de toutes ces choses-là : tu es médecin; tu demeures à l'autre bout de Paris; tu fus mon ami autrefois, quand j'avais des amis.

Franck et Léon arrivaient devant la porte.

— Et tu magnétiseras avec une candeur évangélique, reprit Léon après avoir sonné.

— Plus qu'évangélique, répondit Franck, qui était retombé dans ses rêves.

Une femme de chambre ouvrit. — Ah!

monsieur Léon! dit-elle en souriant. Passez dans le salon; madame a toujours des crises violentes, des éblouissements, des spasmes; j'y perds mon latin.

A l'entrée de Franck dans le salon, il y régnait un profond silence; un feu clair flambant dans l'âtre jetait ses tremblants reflets sur trois femmes, la jeune marquise de Sancy, la maîtresse du logis, et la vieille madame de Vandeuil. La maîtresse du logis était plongée dans une bergère de forme antique. Quand s'ouvrit la porte du salon, elle tourna lentement la tête, et à l'apparition de Franck elle s'évanouit.

— Encore ces maudites vapeurs! s'écria la vieille dame.

La jeune marquise s'élança vers son amie et la souleva dans ses bras. A cet instant, Franck pâlit et chancela : cette femme évanouie qu'il venait d'entrevoir était la femme qu'il aimait.

En r'ouvrant les yeux, elle sembla lui dire dans un regard effaré : Oh! mon Dieu! c'est vous! Il lui répondit par un pareil regard, et lui tendit aveuglément la main.

— J'ai une fièvre ardente; voyez, monsieur, dit-elle en regardant la vieille dame.

Franck se souvint qu'il n'était là que comme un médecin; il parvint à calmer l'émotion qui l'égarait, et dit en s'inclinant :

— Oui, madame, une fièvre violente.

— Quel fatal contre-temps! et mon fils qui est parti!

Franck se tourna vers la vieille dame et lui fit un profond salut. Elle fut très-flattée de cet hommage; un sourire plus jeune que ses lèvres ranima sa bouche.

— Oh! monsieur, dit-elle à Franck, chassez bien vite ces vilaines vapeurs, ces horribles attaques qui tourmentent ma chère fille; vous allez la magnétiser, c'est moi qui l'ai voulu. La pauvre enfant est toujours souffrante, et nous ne pouvons découvrir son mal.

Et s'approchant de l'oreille de Franck :

— Dans son sommeil factice peut-être vous le dira-t-elle.

— Pour endormir madame, je voudrais qu'elle fût plus calme, dit Franck, en se retournant vers la jeune femme.

— Eh bien donc! reprit-elle en riant, il faut en attendant endormir mademoiselle de Sancy.

La jeune marquise, qui écoutait Léon, repartit aussitôt :

— C'est vous, madame, qu'il faut magnétiser.

— A mon âge, hélas, on défie toutes les puissances humaines.

Franck s'empressa de dire que le magnétisme était de tous les âges. La vieille dame, qui croyait rire, lui dit qu'elle serait curieuse qu'on lui fît voir cela. Franck, prenant la chose au sérieux, traîna un fauteuil devant elle, et se mit à l'œuvre en riant sous cape. La vieille dame essaya de lutter : les deux yeux du magnétiseur rayonnaient sur les siens comme deux soleils. Elle pencha d'abord la tête et voulut se débattre; dans ses efforts, elle se renversa sur le dossier de la dormeuse; bientôt ses lèvres devinrent blanches comme ses cheveux, un ton verdâtre se répandit sur ses joues, ses paupières s'abaissèrent sous les signes monotones de Franck : en quelques secondes elle fut ensevelie dans le plus profond sommeil.

— Elle dort, dit Franck, en se retournant vers madame de Vandeuil, comme pour lui apprendre que l'argus était aveugle.

Madame de Vandeuil sembla sortir d'un rêve; elle tressaillit, et son regard, perdu dans les flammes de l'âtre, s'éleva tout effaré sur Franck.

— Elle dort, monsieur.

— Oui, madame, reprit Franck qui tremblait de bonheur; et si mes signes ne vous effraient point, j'essaierai...

— Oh! non, monsieur, je suis si faible, que je mourrais sous vos regards; un autre jour... demain peut-être ; mais à cette heure. Oh! non. D'ailleurs, puisque vous avez endormi...

— Oui! oui! s'écria Camille de Sancy : à madame de Vandeuil les honneurs de la soirée!

A cet instant, la porte s'ouvrit, et la femme de chambre vint avertir Léon qu'un ami de M. de Vandeuil l'attendait dans la cour. Léon allait envoyer promener cet importun, quand madame de Vandeuil, qui n'était pas fâchée du contre-temps, lui dit avec empressement :

— Au revoir, monsieur Léon; à demain, surtout.

Il fit une prodigieuse grimace, et se consola bientôt en pensant qu'il était impossible de mettre les gens à la porte avec plus de galanterie.

Il cherchait son chapeau où il n'était pas, dans l'espérance de trouver un moyen de rester ; mais Franck fit mine d'avoir pitié de ses recherches, et lui dit en ami dévoué :

— Voilà ton chapeau, mon cher ; adieu.

Léon jeta un regard furieux à Franck, qui s'en moqua par un sourire. Dans la crainte d'être ridicule, Léon sourit aussi, et, se penchant à l'oreille de Franck, il le félicita d'être aux prises avec une centenaire.

— Tu vas t'amuser beaucoup, lui dit-il en se dandinant ; cette femme va te confier sans doute ses amours trépassées : si chaque ride de ses joues accuse une aventure galante, son histoire sera longue. Bonsoir !

Léon, qui se crut assez vengé, s'inclina très-humblement devant les deux amies, et disparut aussitôt. La vieille dame s'agita alors : Franck l'apaisa par quelques signes, et lui demanda si elle dormait; un son confus s'échappa de sa gorge, et sa tête retomba en avant.

— Dormez-vous ? reprit Franck en élevant la voix.

Il se fit un silence de quelques secondes.

— Dormez-vous? dit encore Franck, mais d'une voix presque impérieuse.

— Oui, répondit-elle enfin.

— Que ressentez-vous?

— Des choses étranges.

— Que voyez-vous?

— Des voiles blancs, des nuages, de la fumée. Je redeviens jeune et légère comme au temps passé. La vieillesse est un terrible fardeau. Quand on est jeune, on s'appuie sur l'amour; mais quand on est vieille, il faut marcher toute seule.

Elle secoua la tête. Le mot amour n'avait passé qu'en tremblant sur ses lèvres.

— Que voyez-vous? redemanda Franck.

Camille s'était penchée au-dessus de la somnambule.

— Je vois les grands yeux de mademoiselle de Sancy.

— A quoi pense donc mademoiselle de Sancy?

Franck regarda la jeune marquise d'un air sournois : elle était plongée dans une nuageuse rêverie, ou plutôt elle ne pensait à rien; aussi la demande de Franck ne l'effaroucha guère.

— Elle pense à tout, et ne pense à rien, répondit la vieille dame.

— C'est indiscret, monsieur, murmura madame de Vandeuil.

Franck se tourna vers elle, et, n'oubliant pas l'esprit de son rôle, il lui dit en souriant :

— Nous autres médecins du corps, et même quelquefois de l'âme, nous sommes des tombes où s'ensevelissent mille secrets en un jour ; nous en savons beaucoup plus que les confesseurs, sans doute parce que nous sommes beaucoup moins curieux.

— Il n'y paraît guère, dit mademoiselle de Sancy.

— Parce que je me suis avisé de demander votre pensée d'un instant ; et si je m'avisais de demander à la somnambule votre dernière confession ?

La jeune marquise rougit.

— Rien ne serait plus charmant ; cela ne vous affligerait point, car un beau corps renferme toujours une belle âme, et je suis sûr que le plus grand de vos crimes est une petite coquetterie.

Madame de Vandeuil, qui aimait tout autant que Franck s'entretînt avec la somnambule qu'avec mademoiselle de Sancy, fit un signe d'impatience.

Franck la regarda avec inquiétude.

— Les médecins sont ainsi, dit-elle en baissant les yeux ; ils sont plutôt capables de tourmenter leurs malades que de les sauver.

Franck se rapprocha avec sollicitude de madame de Vandeuil.

— Ce n'est pas pour moi que je me plains, monsieur, c'est pour la pauvre somnambule que le sommeil fatigue, sans doute, et que vous délaissez impitoyablement. En effet, le tableau pour vous est peu attrayant; ah! si Camille était la somnambule, ce serait un autre roman !

Franck regardait madame de Vandeuil avec tant d'ineffables délices, qu'elle crut voir son âme dans ce regard.

VI.

— Oh! oh! dit tout à coup la somnambule, qui semblait écouter des bouches invisibles; M. de Valmy se souvient toujours de moi.

— Qu'est-ce que M. de Valmy? demanda Franck, en chassant encore du magnétisme vers elle.

— C'est le rival de M. de Vandeuil.

Mademoiselle de Sancy éclata de rire.

— Oui, c'est lui. Il raconte... Où suis-je donc?

— D'abord, où est votre M. de Valmy?

— Dans mon pays, à Marseille, où il fut autrefois capitaine de gendarmes. Il raconte ses aventures à un vieux notaire de ses amis... Mon Dieu! il parle de ce jour horrible...

La somnambule se cacha la face dans ses bras; le magnétiseur et les deux femmes pâlirent à la vue de cette pauvre femme si violemment émue par un souvenir.

— La jalousie est une chose terrible, reprit la somnambule qui tremblait de tous ses membres; c'est un tyran qui torture les hommes et les femmes, qui déchire les cœurs avec ses ongles de fer.

— Vous étiez jalouse, madame? dit Franck, qui magnétisait toujours.

— Non; c'était M. de Vandeuil... Sa jalousie me fait encore peur.

La voix de la pauvre vieille avait quelque chose de douloureux et de lugubre.

— Il était jaloux comme nul ne le fut jamais, jaloux de toutes les voix, jaloux de tous les yeux; je crois qu'il était jaloux du soleil!

— Mais quel fut donc ce jour horrible dont votre amant parlait au vieux notaire?

— Le surlendemain de mes noces, nos convives nous donnaient une fête le soir. Quand je me fus revêtue de ma robe de bal, quand je me fus parée avec la magnificence d'une reine, M. de Vandeuil vint à moi et me dit : — Vous n'irez pas à cette fête, madame! — J'entends encore sa voix sourde qui me fit trembler. — Pourquoi n'irais-je pas? lui demandai-je. — Parce que je suis jaloux, reprit-il. — Quel mal ferai-je dans cette fête? Est-ce donc un crime de danser? — C'est un crime à mes yeux, madame; et je vous le dis encore, vous n'irez point à cette fête. A cet instant, il survint quelques convives surpris de notre retard. Mon mari n'osant plus rien dire, nous partîmes. Dans les joies bruyantes de la fête, j'oubliai bien vite cette scène ridicule qui m'avait effrayée ; je m'abandonnais avec insouciance à l'ivresse de la valse, quand M. de Vandeuil me saisit tout à coup par la robe, et me dit d'une voix sèche, en m'arrêtant dans mon élan : — Je pars à l'instant, madame. — Mon valseur était M. de Valmy ; il me retint d'un bras, et de l'autre essaya de repousser M. de Vandeuil. — A coup sûr, dit-il en souriant, il y a des maris plus galants que vous, mais il n'y en a pas qui le soient moins. En dépit des lois de l'hymen, madame est à moi jusqu'à la fin de la valse. M. de Vandeuil pâlit de colère. Je chancelai ; un voile tomba sur mes yeux, et pendant quelques minutes je sentis à peine que j'étais appuyée sur le cœur palpitant de M. de Valmy, qui s'était remis à valser.

Aux derniers sons de la musique je me réveillai ; le jour du jugement, le dernier écho de la trompette céleste m'épouvantera moins, car Dieu est plein de miséricode, et M. de Vandeuil était inexorable. Je reparus à ses yeux pâle comme une victime ; M. de Valmy releva sa moustache dès qu'il le revit, et le railla sur sa mine lugubre. Mon mari ne répondit rien, et m'entraîna vers la porte en me pressant la main avec une violence aveugle ; il me jeta dans son carosse, et je ne sus jamais ce qui advint jusqu'à notre retour. Quand je repris mes sens, j'étais dans ma chambre ; M. de Vandeuil se promenait devant moi et me regardait par intervalle avec des frémissements de rage. Aux tremblantes clartés d'une lampe, je vis tout à coup une brisure à mon bracelet, et comme je levais mon bras sous mes yeux, je vis du sang à mes manchettes et à ma robe. Dans mon effroi, je me mis à crier : mon mari voulut m'imposer silence ; mais la vue de mon sang m'avait exaltée ; je courus à lui, j'agitai mon bras qui saignait encore, et je lui reprochai sa lâcheté. Sa colère, qui s'était calmée, se ranima tout d'un coup : — M. de Valmy ! M. de Valmy ! s'écria-t-il ; et, s'élançant sur moi comme un tigre furieux, il arracha mes parures, il déchira ma robe, et foula tout du pied avec une joie farouche.

Madame de Vandeuil poussa un cri sanglotant qui glaça Franck. La jeune marquise se jeta aux pieds de son amie et lui prit les mains.

— C'est ton histoire aussi, dit-elle imprudemment.

Cette révélation frappa violemment Franck.

— Son histoire ! murmura-t-il.

A cet instant on frappa à la porte de la cour. Involontairement il demanda à la vieille qui frappait ainsi.

— Mon fils ! mon fils ! répondit-elle avec une soudaine inquiétude.

VII.

Madame de Vandeuil se leva.

— Mon mari ! s'écria-t-elle.

Franck, troublé, demanda encore à la somnambule qui frappait à la porte.

— Mon fils, mon fils, je vous l'ai déjà dit.

Madame de Vandeuil retomba évanouie.

— Oh ! monsieur, partez à l'instant ! dit

avec terreur mademoiselle de Sancy; si M. de Vandeuil voit un homme ici, tout est perdu!

— Ne tremblez pas ainsi, madame, dit Franck, qui essayait de ranimer madame de Vandeuil; un médecin n'est pas un homme aux yeux d'un mari. D'ailleurs, M. de Vandeuil serait une montagne, que je ne le craindrais ni pour vous ni pour moi.

— Mais M. de Vandeuil n'a jamais souffert un médecin ici! Je vous en supplie pour sa femme, sortez, monsieur!

La jeune marquise, qui venait de tomber agenouillée, se tordait les mains avec angoisses.

Franck ne put résister à cette charmante enfant dont il voyait la douleur et l'effroi; il jeta un regard d'amour sur la figure inanimée de madame de Vandeuil, et s'élança vers la porte du salon; mais il se souvint tout à coup de la somnambule, et, craignant les ravages du magnétisme, il revint à elle.

— Éveillez-vous! lui dit-il d'une voix sonore.

La somnambule fit un effort pour secouer le sommeil magnétique, pendant que Franck lui passait les mains sur les yeux.

— Éveillez-vous, répéta-t-il.

— Quel songe? murmura-t-elle en regardant le magnétiseur qui perdait la tête.

Mademoiselle de Sancy, toujours agenouillée devant madame de Vandeuil, regardait Franck d'un œil hagard, et son âme priait Dieu de secourir madame de Vandeuil. Enfin Franck s'élança une seconde fois vers la porte; mais il s'arrêta tout d'un coup au bruit des pas rapides de M. de Vandeuil.

— Le voilà! s'écria mademoiselle de Sancy.

— Qui vient donc? demanda la vieille dame.

— M. de Vandeuil! Nous sommes perdues.

— Mon fils! que vais-je lui dire!

Une pensée terrible la frappa; elle courut à Franck :

— Jetez-vous dans cette chambre, car mon fils...

On frappa à la petite porte du salon; Franck, immobile, leva fièrement la tête en regardant la porte. La vieille ressaisit toutes ses forces passées; et, s'attachant au corps du magnétiseur avec une singulière vigueur, elle l'entraîna vers une chambre voisine. Il se laissa aller comme un enfant au bras de sa mère. Il semblait qu'il eût donné toutes ses forces à la vieille dame en la magnétisant; d'ailleurs, il était abattu par l'agitation depuis deux heures. M. de Vandeuil refrappa; la vieille poussa Franck dans la chambre, et, après avoir fermé la porte par un tour de clef, elle alla ouvrir à son fils.

M. de Vandeuil entra tout d'un coup, et son regard dévora le salon. Vainement sa mère lui tendit les bras pour l'embrasser: il fut aveugle à cet élan; il fut sourd à sa voix; il faillit même la renverser.

— Est-ce donc ici le sabbat? dit-il en regardant de toutes parts; on ne peut y aborder, les portes en sont verrouillées.

— Les femmes ont peur seules...

— Seules! seules! Vous n'êtes pas seules.

— Je ne sais ce qui t'aveugle.

— C'est vous qui êtes aveuglée. Où est M. Léon, votre protégé?

— Il est parti.

— Et l'autre?

La pauvre mère chancela.

— Quel autre?

— Celui qui était avec M. Léon.

M. de Vandeuil ouvrait ses mains avec fureur.

— Je sais que M. Léon est ressorti seul, puisque c'est moi qui l'ai fait appeler; mais il n'était pas venu seul ici.

— Tu es fou, mon pauvre enfant; aie donc pitié de ta femme.

Madame de Vandeuil était revenue à elle mais elle n'osait ouvrir les yeux devant la colère de son mari. Elle demeurait dans l'attitude qu'elle avait prise en s'évanouissant, la tête renversée, les bras pendants, les pieds étendus devant l'âtre. Mademoiselle de Sancy priait toujours. La voix de M. de Vandeuil roulait dans sa tête comme un écho du tonnerre; la maison se fût renversée sans l'effrayer davantage. Franck trépignait dans sa prison : il avait en vain essayé d'en sortir pour apparaître paisiblement aux yeux du jaloux; il voulait crier ou frapper du pied pour que M. de Vandeuil vînt à lui ; mais quelque chose d'invincible, un souvenir, une espérance, arrêtait son pied et sa voix.

M. de Vandeuil avait fait quelques pas vers sa femme; tout à coup, à la vue d'un grand rideau qu'un souffle agitait légèrement, il courut à la fenêtre, les yeux animés d'un rire farouche, et saisissant le damas avec violence, il l'arracha du coup.

Sa mère essaya de rire.

— Ce rideau t'offusquait, n'est-ce pas? Tu en étais jaloux.

— Je l'avais vu trembler, murmura M. de Vandeuil tout confus.

— Ce n'est pas étonnant : tu fais tout trembler ; regarde-moi plutôt. Mais, mon cher enfant, tu ne vois donc pas Caroline évanouie, et sans autre secours que les prières de cette pauvre Camille, qui est épouvantée de tes cris insensés?

M. de Vandeuil oubliait que sa femme fût là : il l'aimait pourtant ; mais, dans son âme, l'amour était l'esclave de la jalousie, qui y régnait en souveraine. Chez la plupart des hommes, la jalousie n'est qu'un accessoire ; d'ailleurs, un grand et noble amour n'est jamais jaloux, car la jalousie est presque toujours enfantée par la faiblesse, qui est craintive et vaniteuse. On rencontre çà et là des hommes qui sont jaloux plus qu'amoureux : ce sont des tyrans qu'il faudrait enfermer, car ils brisent impitoyablement les pauvres femmes qui ont le malheur de les aimer. L'un des plus grands poëtes du monde, Molière, a dit que l'amour des jaloux était fait comme la haine. C'est un axiome qu'il eût trouvé à coup sûr en voyant le cœur de M. de Vandeuil. Comme tant d'autres, M. de Vandeuil avait puisé sa jalousie dans sa vanité plutôt que dans son amour; c'était un orage violent qui grondait sans cesse en lui, un spectre horrible qui passait toujours dans sa pensée; sa femme n'était pas sa compagne, mais sa victime; il éprouvait de la joie à la torturer; il lui arrachait les pensées du cœur avec ses ongles. Jaloux du passé, il eût donné sa fortune pour que sa femme perdît toute souvenance; jaloux de l'avenir, il eût immolé sa femme, s'il n'eût pas été jaloux de la mort.

Malgré le malheur de sa femme, il n'en était pas plus heureux; une crainte infinie le tourmentait; depuis un an surtout, il n'avait pas été calme un seul instant.

— Mais ne vois-tu donc pas Caroline évanouie? lui dit encore sa mère en lui saisissant la main.

Il s'avança en sourcillant vers sa femme, qui ne put arrêter un frémissement. Mademoiselle de Sancy se leva à son approche; il s'inclina.

— Il y a donc bien de la folie dans une tête humaine! dit-il avec dépit.

La jeune marquise, croyant qu'il allait vers sa femme, recula contre la cheminée; mais il se jeta dans la dormeuse.

— Enfin, reprit-il, la jalousie est un sentiment naturel; et pourtant, je ne devrais pas être jaloux.

Et, se relevant tout à coup :

— Mais Léon n'est pas venu seul ici?

— Tu es fou, mon cher enfant! T'ai-je jamais fait un mensonge?

— Non, mais vous ne voyez pas clair.

M. de Vandeuil prit les mains de mademoiselle de Sancy, et, la regardant d'un œil enflammé ;

— J'aurai confiance en vos paroles, mademoiselle. Léon est-il venu seul ici?

La jeune marquise rougit.

— Je ne vous dirai rien, monsieur, car je craindrais d'offenser votre mère, qui est si digne de votre confiance. Qu'ai-je à dire quand votre mère a parlé?

M. de Vandeuil laissa tomber les mains de mademoiselle de Sancy, et lui tourna le dos. Sa mère applaudit à la réponse de la jeune fille, et la pria, à dessein, de se retirer dans sa chambre. C'était dans sa chambre qu'elle avait poussé Franck. La pudeur, qui s'effarouchait, arrêta d'abord la jeune marquise; elle se défendit du sommeil, et ne voulut point abandonner son amie; mais madame de Vandeuil entr'ouvrit sa paupière brunie par la frayeur, pour la prier d'obéir à sa mère. Mademoiselle de Sancy revint sur ses paroles en songeant au danger de la découverte de Franck. Elle refoula la pudeur au fond de son âme, et s'en alla vers sa chambre. Elle ouvrait la porte, quand le jaloux marcha vers elle. La vieille dame leva les yeux, comme pour suivre au ciel sa dernière espérance qui s'envolait.

— Bonsoir, mademoiselle, dit M. de Vandeuil en baisant la main de la jeune fille, ne m'en veuillez pas, j'ai la tête perdue.

Et, après avoir suivi dans la chambre le reflet de la bougie que mademoiselle de Sancy portait de l'autre main :

— Il m'a semblé, se dit-il en s'éloignant un peu, que la clef de cette porte en avait été détachée ; les autres jours Camille n'est pas si défiante.

M. de Vandeuil se frappa le front.

— Encore un fantôme de mon imagination ; ma femme n'aurait pas la sottise de cacher son amant dans la chambre d'une aussi charmante enfant ; et, d'ailleurs, ma femme n'a pas d'amant.

Et, bien sûr que sa femme n'avait pas d'amant, il s'avança vers elle, de plus en plus colère et furieux.

VIII.

Mademoiselle de Sancy entra toute confuse dans sa chambre, dont elle referma la porte d'une main tremblante. En déposant sa bougie sur un guéridon, elle leva un regard timide sur Franck, qui s'était jeté sur un fauteuil, et qui s'y attachait des deux mains pour ne pas en sortir. Elle alla s'asseoir dans un coin de la chambre, et se mit à pleurer en contemplant la flamme vacillante de la bougie. Franck, toujours dévoré par l'agitation la plus violente, demeurait plongé dans le fauteuil sans prendre garde à elle; mais, à la vue de ses larmes, il parut sortir d'un rêve pénible, et s'en alla tristement s'asseoir devant elle, en la remerciant du regard de compatir aux peines de son amie. Il y avait tant de tristesse dans ses yeux, qu'elle perdit toute crainte d'être seule avec un homme; son regard effarouché reprit sa candeur charmante. Le silence du salon ne semblait troublé que par les pas rapides de M. de Vandeuil, toujours agité par la jalousie, le noir démon qui se débattait dans son âme comme dans un enfer.

La rêverie de Franck s'était parée de couleurs moins sombres depuis qu'il voyait la jeune marquise; il souriait même à quelques fantaisies de son imagination : il songeait à la bizarrerie de l'aventure qui l'avait conduit dans la chambre d'une jeune fille inconnue; il songeait que cette jeune fille était belle, et que nul encore, peut-être, n'avait cueilli les fleurs de son âme, hormis peut-être Léon Durand; il songeait qu'il était seul avec elle; il songeait à toutes ces choses; mais soudain la voix de l'amour traversait le frêle édifice de ses rêves, et tout en voyant mademoiselle de Sancy, il ne voyait que madame de Vandeuil.

Camille tendit la main vers un livre, et l'ouvrit d'un air distrait : c'était un roman de miss Anne Radcliffe, la reine des fantômes. Mademoiselle de Sancy, bientôt perdue dans quelque vieux manoir, au milieu d'une armée de spectres, oubliait la vérité pour le mensonge, le drame qui se passait près d'elle pour le drame qui se passait dans le roman, quand un cri aigu de madame de Vandeuil la fit ressouvenir du présent.

Le livre lui tomba des mains, elle redevint pâle comme une morte.

Au cri de madame de Vandeuil, Franck ressentit une violente secousse; il se leva avec angoisses, et voulut s'élancer vers la porte : il pouvait l'ouvrir, puisqu'elle n'était plus fermée au dehors. Camille tressaillit, et se jeta au-devant de lui pour le retenir.

— Si vous avez pitié d'elle, restez ici, monsieur.

— Mais il a frappé sa femme.

— Mais s'il vous voit, il la tuera !

— O mon Dieu ! s'écria Franck, en agitant ses bras.

Dans son égarement il repoussa Camille.

— Vous passerez sur moi, lui dit-elle en tombant une seconde fois agenouillée devant lui.

Cet héroïsme arrêta Franck, qui s'arrachait les cheveux de désespoir. Un autre cri vint à son cœur, et presque au même instant on frappa à la porte de la chambre. Camille regarda Franck avec terreur.

— N'ouvrez pas ! n'ouvrez pas ! murmura-t-elle en penchant son oreille vers la porte.

— Camille ! s'écria madame de Vandeuil d'une voix altérée.

— C'est elle, dit Franck en s'élançant par-dessus la jeune marquise.

Mais, plus alerte qu'une biche, Camille fut à la porte avant lui.

— Il va vous voir, lui dit-elle.

Franck recula comme s'il eût obéi à une voix suprême; la jeune fille ouvrit, et, toute éperdue, madame de Vandeuil se jeta dans la chambre.

— Au moins il me reste un refuge, dit-elle en tombant dans les bras de mademoiselle de Sancy.

Franck fit un pas vers elle; la pauvre femme chancela, et faillit tomber à la renverse.

— O mon Dieu! dit-elle, il a tout entendu; il était là...

La mort fût alors passée, que madame de Vandeuil l'eût prise pour refuge, tant elle avait honte devant Franck de la lâcheté de son mari.

La mort eût fait alors une bonne œuvre en prenant madame de Vandeuil.

Dès que Camille eut refermé la porte, elle embrassa son amie avec un vif épanchement de cœur. Franck, qui souffrait autant de sa colère comprimée que de la peine qui noyait son âme, saisit la main de madame de Vandeuil et la pressa à plusieurs reprises : c'était une main brisée par l'effroi, une main endormie qui n'opposait aucune résistance. Cependant la voix de M. de Vandeuil se fit entendre, et cette main se réveilla et s'échappa de celle de Franck comme un oiseau de son nid au cri de l'épervier. Madame de Vandeuil en fut confuse, car c'était presque donner une preuve d'amour. Pour cacher sa rougeur, elle appuya son front sur l'épaule de Camille, et demeura ainsi pendant une minute. Mademoiselle de Sancy l'entraîna sur un divan, en face d'une belle glace de Venise, qui jetait un désaccord dans la simple harmonie de l'ameublement. Selon sa coutume de femme, madame de Vandeuil releva la tête pour se voir dans cette glace; mais, avant de se voir, elle vit Franck. Le diable ou l'amour avait conduit son regard de travers, et malgré toutes ses peines, elle regarda Franck pendant une seconde au moins ; une seconde ce fut une heure pour elle. Pendant cette seconde, elle pensa à trois choses : à l'amour de Franck, au trouble de son âme, et à cette sombre jalousie qu'elle voyait passer comme un orage sur Franck et sur elle. Ce fut en frissonnant qu'elle détourna la tête ; mais elle n'en vit pas moins Franck, car il y avait aussi dans son âme un miroir magique, une onde pure, qui le réfléchissait depuis longtemps déjà.

Madame de Vandeuil aimait Franck. Son amour avait le calme et la mélancolie d'une soirée d'automne ; rien d'orageux, rien d'enivrant ; un horizon pur, de chastes parfums, un chant plus triste que joyeux. Son amour était la voix consolante dans le malheur, un rêve dans son insomnie, une espérance qui l'aveuglait sur l'avenir. Avant de voir Franck, la pauvre femme n'avait jamais aimé ; isolée jusqu'à vingt ans dans un petit village de Normandie, elle n'en était sortie que pour devenir l'épouse de M. de Vandeuil. Elle l'eût aimé sans la jalousie tyrannique dont il l'avait accablée. Son âme ardente s'était glacée pour un homme qui avait presque été lâche, dès qu'elle s'était à jamais liée à lui. Hormis ses crises de jalousie, M. de Vandeuil était un homme assez raisonnable ; mais une fois retombé dans sa maladie, la fièvre, le délire, la fureur, le jetaient dans un terrible égarement, et alors il lui fallait une victime. Qui sait s'il n'était pas à plaindre? qui sait si le tyran n'était pas aussi digne de pitié que la victime? Mais nulle âme compatissante ne condamnera la haine de la victime pour le tyran ; nulle âme charitable ne condamnera l'amour de Caroline pour Franck.

Pendant que madame de Vandeuil, à demi appuyée sur la jeune marquise, se souvenait vaguement de la rencontre de Franck dans les Champs-Élysées, Franck voyait encore dans ses souvenirs cette larme qu'il avait recueillie pour ranimer son amour.

— Hélas! pensait-il, je l'avais deviné : cette larme était la confidente d'une profonde douleur. Il y a six mois, il y a plus longtemps peut-être, que cet ange adorable est la victime d'un fou.

Franck s'approcha vivement de madame de Vandeuil, qui tressaillit et laissa retomber sa tête.

— Madame, lui dit-il, vous ne pouvez rester à la merci d'un pareil homme.

La jeune femme releva la tête avec dignité.

— C'est mon mari, monsieur, répondit-elle d'une voix calme.

— Je le sais, madame, reprit Franck intimidé.

Ces mots furent couverts par la voix de M. de Vandeuil. Trois coups frappés à la porte avec une singulière violence retentirent sourdement dans la chambre; un silence affreux suivit. Madame de Vandeuil et mademoiselle de Sancy se regardaient en frissonnant. Franck demeurait devant elles, pâle, immobile, l'œil enflammé; un coup plus sec fit trembler la porte. Camille regarda autour d'elle en cherchant une issue pour Franck.

Il devina sa pensée, et lui dit en s'élançant vers elle :

— Il y a deux sorties, la porte et la fenêtre.

Ces mots résonnaient encore dans l'oreille de mademoiselle de Sancy que déjà Franck était à la porte. Il l'ouvrit. M. de Vandeuil voulut s'élancer dans la chambre; mais il le retint et le repoussa dans le salon. La jeune marquise les suivit toute éperdue.

— Que faites-vous ici? dit d'une voix étouffée M. de Vandeuil à Franck.

Camille se jeta devant le jaloux :

— C'est moi qui suis coupable, monsieur.

Il y avait dans cette confession un si grand caractère de vérité que M. de Vandeuil regarda la jeune marquise d'un air surpris.

— C'est vous qui êtes coupable? C'est donc votre amant? dit-il avec mépris.

Elle est sauvée, pensa mademoiselle de Sancy.

— Votre amant! reprit dédaigneusement M. de Vandeuil.

— Qu'importe? s'écria Franck en saisissant Camille. Si cela vous déplaît, monsieur...

— Cela me plaît beaucoup, au contraire, dit avec empressement M. de Vandeuil, dont la jalousie s'apaisait.

Cependant, il lui restait quelques doutes; et pour mieux s'assurer, il reprit en regardant mademoiselle de Sancy :

— Seulement, je vous prie de sortir tous les deux, et d'oublier que vous êtes venus ici.

— Oh! monsieur, s'écria Camille, ayez pitié de moi; mon oncle vient me chercher demain. N'allez pas me perdre à ses yeux.

M. de Vandeuil ranima sa colère; il fit

signe à la jeune marquise de retourner dans la chambre. Il dit à Franck, en ouvrant la porte du salon :

— Voici, monsieur.

Puis, se tournant vers la croisée, dont il avait arraché le rideau : — Il y a bien un autre chemin, si le premier vous déplaît...

Franck interrompit M. de Vandeuil : — Il ne vous sied pas de fanfaronner, monsieur ; je vais sortir, parce qu'il est temps de m'en aller, et surtout parce que vous n'êtes pas amusant.

M. de Vandeuil vit sortir Franck, sans rien trouver à lui répondre. Après avoir refermé la porte du salon, il pensa qu'il y avait dans tout cela un mystère étrange ; ses doutes le frappèrent encore ; sa jalousie se réveilla peu à peu, et bientôt, plus colère que jamais, il rentra dans la chambre de mademoiselle de Sancy.

— Madame, dit-il d'une voix sombre à madame de Vandeuil, jurez-moi que cet homme n'était pas ici pour vous.

IX.

Franck erra comme un fou dans Paris ; il croyait se réveiller après un songe bizarre.

Quelques jours se passèrent sans apaiser son cœur.

Après diverses promenades aux alentours de Paris, à Versailles, à Chantilly, à Enghien, où le pauvre amoureux essayait d'échapper à son amour, il se remit à chercher madame de Vandeuil. Mais il dépensa vainement son temps. Il ignorait les suites de la jalousie de M. de Vandeuil. Léon s'était présenté chez le jaloux le lendemain du drame, ou plutôt du mélodrame; mais on lui avait fermé la porte au nez : depuis ce jour M. de Vandeuil avait changé de demeure. Voilà tout ce que Léon avait appris à Franck.

Mademoiselle de Sancy était une jolie orpheline vivant sous la protection d'un vieil oncle, le marquis de Sancy, un noble d'assez mauvaise roche et de maigre fortune. Il habitait la Picardie, sur les bords de la Somme. Il aimait sa nièce, et lui voulait du bien; mais comme il vivait tout juste du produit de son petit domaine, il ne devait lui rien donner, sinon dans son testament. Léon Durand, qui avait de quoi se faire notaire, ne demandait rien autre chose que la beauté et l'amour de Camille, ne poussant pas, d'ailleurs, la grandeur d'âme jus-

qu'à ne pas compter sur la fortune du marquis.
Il aimait Camille, qui ne demandait qu'à
aimer et à être aimée. Il l'avait vue chez
M. de Vandeuil durant toute la saison; madame de Vandeuil elle-même s'était plue à
cultiver ce noble amour; mademoiselle de
Sancy n'avait pas tardé à répondre à Léon.
Le lendemain de la scène de magnétisme, et
surtout de jalousie, le vieux marquis, qu'elle
attendait, comme elle l'avait dit à M. de
Vandeuil, vint pour l'emmener en Picardie.
Elle partit sans revoir Léon, laissant tous
ses adieux à sa triste amie. Mais madame de
Vandeuil ne put revoir Léon. Le pauvre
amoureux s'ennuya bientôt mortellement: il
décida son père à lui acheter une étude dans
les environs d'Abbeville, au petit bourg d'Ormoy, à quelques lieux du château du vieux
M. de Sancy; après passablement d'obstacles, Léon en arriva à ses fins. Il dit adieu
à son ami Franck, le priant bien de venir le
voir, notaire et mari. — Qui sait, ajouta-t-il,

si nous n'aurons pas là-bas des nouvelles de la pauvre madame de Vandeuil. — J'irai peut-être, dit Franck.

Ils s'embrassèrent en francs amis qui se sont ouvert leurs cœurs.

X.

Franck rêvait un soir en regardant la flamme blanche de sa bougie, quand une musique ravissante lui vint aux oreilles. Jamais musique ne l'agita avec tant de violence. Il se souleva et tendit la tête vers la chambre voisine, dont il n'était séparé que par une boiserie tendue d'un damas bleu à grands ramages. La musique n'était rien autre chose qu'une voix chantante de femme unie aux sons du piano. Ce concert, d'abord ardent, s'alanguit bientôt, et devint d'une tristesse déchirante. Franck, pâle, l'œil enflammé, le cœur palpitant, écoutait avec une singulière avidité. La voix se tut. La main de celle qui chantait retomba sur les touches du piano, et pendant quelques secondes encore un son sourd remplit la chambre; le silence succéda à ce dernier soupir de la musique. Franck, trompé par son imagination en délire, pensa que la voix chantait toujours; il croyait toujours l'entendre, plus faible, presque mourante, tant cette voix avait d'écho dans son cœur.

Il ne s'aperçut que la voix avait cessé de chanter que quand elle reprit un autre chant. C'était la Romanesca, ce vieil air de danse qui, selon une femme d'esprit de nos jours, va plus au cœur des danseurs qu'à leurs jambes. Or, la chanteuse, sans doute trop attristée, n'acheva point, et vainement pendant plus d'une heure Franck écouta encore.

Il se coucha en proie à mille rêves confus: la nuit fut pour lui d'un morne lenteur; le sommeil lui vint par intervalles; mais à peine dormait-il, qu'un songe ardent l'éveillait tout à coup.

Le lendemain, la musique de la veille lui revint à l'oreille, ou plutôt au cœur; mais les bruits du dehors altéraient cette musique, et quoiqu'il se tînt contre la boiserie, il ne put rien distinguer, il ne saisit que des sons confus. Il retomba dans ses rêves, dans les abîmes de son âme; il demeura longtemps en contemplation devant les fleurs épanouies sur la boiserie; ses yeux ne voyaient que des formes immobiles, mais son imagination s'emplissait de formes agitées : c'était madame de Vandeuil qui passait tristement dans les vapeurs du fond; c'était la vieille mère endormie; c'était la jeune marquise se jetant à ses pieds; enfin c'était la chanteuse, dont un sanglot brisait la voix. Poursuivi par toutes ces apparitions, il se laissait aller sans résistance au cours de ses flottantes rêveries. Après avoir longtemps rêvé, il se mit à réfléchir, et remarqua qu'avant ses courses aux alentours de Paris il n'avait jamais entendu de musique dans la chambre voisine.

Son domestique lui apprit qu'en son absence un homme et trois femmes étaient venus s'installer presque mystérieusement dans l'appartement voisin, qui avait des sorties dans les deux escaliers de la maison. Comme Franck, impatient, faisait mille demandes, le domestique lui dit en souriant avec fatuité qu'il en saurait davantage dans quelques jours; — Car, ajouta-t-il, la femme de chambre ne me déplaît pas trop.

Hormis Franck, tout le monde se fût douté que sa voisine était madame de Vandeuil; mais l'amour n'est pas aveugle pour rien.

Un soir, en rentrant, il fut très-surpris de

voir son domestique et la femme de chambre de madame de Vandeuil roucouler tendrement en face l'un de l'autre.

— Nous ne vous attendions pas sitôt, dit le domestique presque tremblant; mais je voulais savoir...

Franck renvoya cet homme, et demanda à la femme de chambre en la magnétisant, non de son regard, mais avec sa bourse, où était son maître. La femme de chambre lui apprit que M. de Vandeuil était à Marseille, et que, depuis son départ, madame de Vandeuil restait emprisonnée dans l'appartement voisin, ayant pour garde la vieille mère, qui la veillait de très-près. — M. de Vandeuil, ajouta-t-elle, espère que sa femme sera cachée à tous les regards étrangers dans cette nouvelle demeure que ses amis ignorent.

Le pauvre jaloux ne se doutait guère qu'il avait conduit sa femme sous le toit de Franck.

La femme de chambre, séduite par les promesses argentées de Franck, lui fit espérer que le soir même, aussitôt la vieille mère endormie, elle viendrait lui ouvrir la porte ; mais ce soir-là Franck attendit vainement. Dans son désir de voir madame de Vandeuil, il aurait volontiers brisé la porte qui le séparait d'elle. Le lendemain, son cœur se consuma encore dans l'attente ; il ne sortit pas, il demeura en son logis, tressaillant au moindre bruit lui venant de son voisinage. Enfin, dans la soirée, la femme de chambre vint l'avertir que la vieille mère dormait. Il suivit cette fille vers la chambre où se tenait toujours madame de Vandeuil. La soubrette lui recommanda le silence sur son stratagème.

— Madame, dit-elle d'une voix faible en se détournant pour que Franck passât, monsieur a forcé la consigne.

Madame de Vandeuil pâlit et pencha la tête sans pouvoir parler ; la femme de chambre sortit aussitôt, et Franck, après avoir entrevu la figure endormie de la vieille mère, se jeta aux genoux de Caroline, et lui toucha la main du bout de ses lèvres.

— Qui vous amène, monsieur? dit-elle avec contrainte.

Franck leva les yeux et lui dévoila son âme dans un regard ; puis, d'une voix qui venait du cœur, il lui dit :

— Je vous aime, madame.

Caroline sembla lui confier, dans un sourire amer, que ce n'était pas un secret.

— Hélas! murmura-t-elle avec toute sa candeur, je vous aime aussi; mais Dieu nous a séparés dans la vie, et nous ne pouvons nous voir sans être coupables. Laissez-moi seule, monsieur; gardez-vous de revenir, car je serais perdue : mon esclavage est adouci par votre souvenir, qui est le soleil pour le pauvre prisonnier. Laissez le prisonnier dans les fers, il ne craint pas les reproches sanglants du monde; il n'est tourmenté que par son geôlier ; laissez-moi seule avec ma douleur, avec votre pensée pour consolation. Il y a des douleurs qui consolent de tant de choses.

Franck, touché de ces aveux sortis d'une

âme pure, demeurait silencieusement agenouillé devant madame de Vandeuil, tout rayonnant d'un céleste amour.

Cette entrevue dura à peine une heure : Caroline pria d'abord, et finit par supplier Franck de partir.

— Madame, lui dit-il en lui ressaisissant la main, avant de vous quitter sans espérance de vous revoir, je vais vous demander une grâce que vous pouvez m'accorder sans trahir vos devoirs.

— Je vous accorde cette grâce, dit avec empressement madame de Vandeuil, qui voulut donner à Franck une preuve de sa confiance en lui.

— Eh bien, madame, voici ce que je vous demande. Je demeure en votre voisinage ; ma chambre n'est séparée de la vôtre que par une porte condamnée qui ne m'empêche pas de vous entendre. Tous les jours, depuis votre arrivée en cette maison, j'ai la joie de vous entendre chanter dans les après-midi : promettez-moi de chanter toujours.

— Toujours, monsieur! dit Caroline en souriant; vous ne savez pas comme ce mot est long.

— Madame, je passerais à vous écouter ma vie en ce monde et dans l'autre. Mais enfin, promettez-moi de chanter longtemps vos hymnes de tristesse : au moins pendant une heure des jours qui me semblent si longs, je pourrai m'imaginer que je ne serai pas seul.

— Vous avez ma promesse, dit madame de Vandeuil en ouvrant la porte. Adieu.

Franck sortit en lui laissant son âme dans un regard.

XI.

Madame de Vandeuil chanta les jours suivants, comme elle avait chanté les jours passés. Franck l'écoutait tantôt avec d'ineffables ravissements, tantôt avec de sombres tristesses. Les chants étaient toujours des hymnes de douleur; s'il lui arrivait d'essayer une note plus gaie, un sanglot l'arrêtait soudain. Cette heure de chant était douce pour tous deux, tous deux l'attendaient avec ardeur, ou s'en souvenaient avec délices; car c'était une heure toute pleine d'amour : alors ils se voyaient, et leurs âmes, réunies dans la même extase ou dans la même ivresse, s'élevaient ensemble au ciel.

Mais un jour l'heure d'amour passa, et madame de Vandeuil ne chanta pas. Franck en eut une douleur infinie; il attendit le lendemain avec angoisses, et madame de Vandeuil ne chanta pas plus que la veille. Dans son chagrin, dans son ennui, Franck, depuis longtemps atteint d'un feu de poitrine, tomba malade; il fit transporter son lit contre la porte magique, et se laissa indolemment abattre par la maladie sans essayer d'y résister. C'était en ce temps fatal où le suicide couvrait Paris de sa robe noire; un mauvais ange secouait dans l'air mille idées lugubres; la France, désolée, tendait les bras à la mort. Franck avait repoussé le suicide; mais il voyait venir la mort avec une joie farouche. Il était d'ailleurs trop dégoûté de la médecine pour avoir recours au médecin.

Un jour, s'imaginant qu'il n'avait que peu de jours à vivre, il brisa le silence qu'il avait promis de respecter ; il écrivit à madame de Vandeuil qu'il allait mourir, et qu'à l'heure de la mort, son âme inapaisée serait à jamais ravie d'entendre encore sa voix Il priait la femme la plus aimée de son cœur de chanter une dernière fois.

Sa garde parvint à remettre la lettre entre les mains de la femme de chambre. Franck n'entendit point chanter ; mais, à la tombée de la nuit, son regard éteint suivait mille lugubres images dans le fond bruni de sa chambre, quand madame de Vandeuil apparut devant son lit, conduite par la garde, qui alluma la lampe et sortit.

Franck tendit silencieusement la main à madame de Vandeuil.

— Vous êtes malade, monsieur? murmura-t-elle en s'asseyant sur un fauteuil.

— Oh! madame, soyez bénie! dit Franck accablé sous sa joie; soyez bénie, vous qui venez répandre un parfum de votre vie à mon lit de mort.

— Vous êtes un fou, monsieur! on ne meurt pas à votre âge, quand on veut vivre.

— Pourquoi vivre, madame? ah! si c'était pour vous aimer!

Madame de Vandeuil pencha la tête sur son sein.

— Ne parlons pas d'aimer, monsieur, dit-elle lentement. Je ne devais pas vous revoir, mais votre maladie m'a détournée de mon chemin. Je voulais, d'ailleurs, vous dire pourquoi je ne chantais plus mes chansons lamentables. La mère de M. de Vandeuil me surveille avec tant de zèle et me poursuit avec tant d'acharnement que, depuis quelques jours, je n'ai pu me trouver seule une minute; et chanter devant elle quand je me crois devant vous, ce serait un supplice horrible.

La voix de Caroline s'était singulièrement affaiblie à ces derniers mots.

Le malade essuya deux larmes.

— Je ne puis rester qu'un instant, monsieur; la mère de M. de Vandeuil me croit enfermée dans ma chambre. Tous les soirs nous avons coutume d'attendre la nuit close pour allumer les bougies; la mère de M. de Vandeuil passe cette heure voilée à se ressouvenir de son vieux temps. Je n'ai que cette heure de liberté, monsieur; j'ai tenté de la passer à mon piano, mais j'ai trop de tristesse quand vient le soir.

Madame de Vandeuil se leva, et, tendant la main à Franck :

— Vivez, monsieur, lui dit-elle.

— Vivre, et ne pas vous voir, madame !

Madame de Vandeuil regarda Franck et sourit d'un sourire d'ange; puis elle sortit en murmurant :

— A demain.

Le lendemain, madame de Vandeuil chanta; Franck se sentit renaître à la voix aimée.

Et le soir, quand elle revint dans sa chambre, il triomphait déjà de la maladie.

Les tristes amants se confiaient leurs peines adoucies, leurs regrets et leurs amertumes, quand tout à coup une voix bruyante retentit au voisinage : c'était la voix de M. de Vandeuil qui arrivait de Toulouse, et qui demandait sa femme. Madame de Vandeuil se cacha la tête dans ses mains, et bientôt, laissant tomber ses bras avec désespoir, elle s'écria :

— O mon Dieu ! vous me punissez ; suis-je donc coupable ?

Franck, qui s'était péniblement soulevé, se pencha vers elle, comme s'il craignait que M. de Vandeuil ne vînt lui ravir ce trésor d'amour.

Madame de Vandeuil voulut sortir pour aller se jeter aux pieds du jaloux ; mais il la retint de toutes ses faibles forces, il l'enchaîna dans ses bras, il l'attacha sur son cœur, et sembla défier du regard M. de Vandeuil dont la voix bruyante retentissait toujours. Dans sa fureur, M. de Vandeuil outrageait sa mère et torturait sa servante.

Une seconde fois la femme de chambre se laissa séduire par une bourse, et peut-être aussi par le désir de faire le mal en ayant l'air de faire le bien. Grâce donc à ce mauvais désir et surtout à sa bourse, M. de Vandeuil sut que sa femme était chez Franck. Il s'empressa d'y aller, arriva devant la porte à l'instant même où le domestique garde revenait d'une course; il le suivit et se précipita avec la fureur d'un tigre dans la chambre du malade. A la vue de Franck, dont les bras formaient un collier d'amour à sa femme, et dont les regards soudainement ranimés lui jetaient un froid mépris, il s'arrêta tout à coup en poussant un cri de rage.

— Ne craignez pas que je vous l'enlève, dit-il à Franck en riant comme un démon; elle est à vous, je le sais !

Franck voulut parler; madame de Vandeuil, à demi morte d'épouvante, lui dit à voix faible:

— Franck, on ne défend que les coupables; ne me défendez pas.

Je n'ai qu'un mot à vous dire, reprit M. de Vandeuil en regardant Franck, un seul mot : à demain !

— A demain ! répéta Franck d'une voix sonore.

M. de Vandeuil sortit avec dignité.

— Vous ne vous battrez pas, monsieur, dit à Franck madame de Vandeuil ; je vous le défends... D'ailleurs, vous êtes malade.

— Je ne serai point malade pour vous défendre, madame ; la vue d'une épée me guérira.

— Faut-il que je tombe à vos genoux ? Jurez-moi de ne pas vous battre avec M. de Vandeuil.

— Et mon honneur, madame.

— Il faut m'en faire le sacrifice.

Franck pencha silencieusement la tête ; madame de Vandeuil lui prit les mains et les pressa.

— Jurez-moi, sur votre amour, que vous ne vous battrez pas ?

Franck ne jurait pas.

— Qu'est-ce donc que l'amour? reprit Caroline d'un air désenchanté.

— Oh! madame, demandez-moi ma vie, demandez-moi toute autre chose que l'honneur..

— L'honneur! l'honneur! ne l'ai-je point perdu pour vous? Franck, ayez pitié de moi; accordez-moi la grâce que je vous demande.

Madame de Vandeuil pressait plus tendrement les mains de Franck; Franck pencha la tête vers elle, et lui baisa les cheveux avec ardeur.

Et comme Caroline le repoussait, il lui dit :

— N'êtes-vous pas à moi?

— A vous? murmura avec amertume madame de Vandeuil.

— Oui, madame, à moi par l'amour, comme vous êtes par l'hymen à M. de Vandeuil.

— Écoutez, monsieur, reprit madame de Vandeuil avec plus de calme, je ne suis pas à vous, mais je ne serai plus à M. de Vandeuil : promettez-moi de ne pas vous battre avec lui, de vous éloigner à jamais de cette maison, et, de mon côté, je vous ferai le serment de quitter M. de Vandeuil si je puis étouffer la voix du devoir ; si je ne puis, je mourrai... Il y a longtemps que je pense à ces terribles choses : le devoir, la révolte, la mort. Je vous demande encore quelque temps pour y penser ; mais par pitié pour moi ne demeurez pas ici ; n'avez-vous pas un pays où vous puissiez m'attendre et me regretter ? Vous m'avez parlé hier de ce village de Picardie où nous avons tous deux les mêmes amis, Léon et Camille ; allez là, monsieur, j'irai peut-être.

XII.

Le lendemain, quand Franck s'éveilla, sa garde lui remit un billet. Madame de Vandeuil avait tracé ces quelques mots au crayon, d'une main tremblante :

« Je vais au couvent de Sainte-C... ; le jour de ma fête, qui sera la fête de la douleur, j'en sortirai pour M. de Vandeuil, qui me pardonnera, pour la mort, ou pour vous.

Par pitié, ne vous battez pas; vous tueriez M. de Vandeuil. On vous attend à Ormoy: allez-y, de grâce; si j'en ai la force, moi, j'irai le 2 novembre. En attendant, ce sera presque une consolation pour mon pauvre cœur de penser que vous serez là, avec nos amis. A Dieu! »

Ce fut avec une douleur infinie que Franck lut ce billet. Pour lui, à cet instant, c'était presque un billet de mort. Le dernier mot, l'*adieu*, avait un *à*, un grand *D*, et trois traits à peine visibles. Le grand *D* fit trembler Franck, qui crut y voir un pressentiment funèbre.

— Hélas! dit-il avec désespoir, elle ira *à Dieu*.

— Si elle meurt, je mourrai aussi, reprit-il en levant les yeux comme pour envoyer ce serment au ciel.

Franck ferma sa porte à M. de Vandeuil, et, soumis au dernier vœu de Caroline, il refusa de se battre.

Ayant mis un peu d'ordre à ses affaires,

il partit bientôt pour aller retrouver, en Picardie, son ami Léon, résolu d'attendre le jour de la fête de Caroline, résolu de mourir s'il ne la revoyait pas. Vous verrez comment il tint ce serment.

Avant son départ, il se présenta au couvent où s'était réfugiée madame de Vandeuil; mais il l'appela en vain pour lui redire adieu.

Il partit, emportant dans son cœur le plus triste des amours, et sur ses lèvres ardentes l'éternel souvenir du seul baiser qu'il eût ravi à Caroline.

A Ormoy, Franck trouva Léon, notaire, maire du village, marié et presque père de famille. Le vieux notaire venait de mourir, Léon avait acheté son étude et sa maison; mais la veuve *inconsolable* s'était réservé le droit d'y passer le reste de la saison.

— Je ne sais où te loger, dit Léon à Franck.

— Un grenier, une belle vue et un bon air, voilà ce qu'il me faut, dit Franck.

— Oui; mais pour y arriver, il faudrait

passer trop près de la chambre de madame Coupevent, la veuve du notaire.

— Que diable fait-elle là-haut?

— La belle demande? elle se console.

— Est-ce qu'elle a encore le droit d'être consolée?

— Passionnément! Vingt-cinq ans et vingt-cinq mille livres de revenu. Mais je n'ai pas le temps de faire son portrait; du reste, tu dîneras avec elle.

— Je n'y tiens pas, dit Franck en soupirant.

— Bah! tu y tiendras peut-être trop un jour; mais je vais à Hupy pour une vente mobilière. Ma femme est allée chez son oncle; elle va revenir dans une heure. En attendant mieux, installe-toi dans ce salon; il y a un lit dans ce divan; adieu.

A peine le jeune notaire fut-il parti que la veuve inconsolable entra dans le salon, croyant y trouver Camille. A la vue de Franck, elle se retira toute troublée.

— Elle a bien fait de s'en aller, dit Franck. Il n'y a plus pour moi en ce monde que deux femmes : Caroline, mes saintes amours, et Camille, l'amie de Caroline.

Au dîner, la veuve du notaire fit avec bien de la grâce et bien de l'esprit les honneurs de la maison; Franck eut l'air de ne rien voir, tant il craignait une distraction à sa douleur et à son amour.

— Votre Parisien, dit la veuve à Camille, ne vaut guère mieux qu'un provincial. Qu'a-t-il donc dans la tête?

— Son mal n'est pas dans la tête, mais dans le cœur. C'est une victime de l'amour; son cœur est tout un roman, madame.

— Je voudrais bien lire ce roman-là, dit madame Coupevent quand elle fut seule.

Le lendemain, ils se rencontrèrent dans le jardin; Franck effeuillait sans pitié toutes les roses bordant son chemin.

— Vous faites bien du dégât, monsieur Franck, dit la veuve : je ne vous en demande pas raison, car je suis une femme; mais comme je suis une femme, c'est-à-dire une curieuse, je vous en demande la raison.

— La raison, madame, dit Franck sans trop de cérémonie, c'est que je n'ai rien de mieux à faire; cependant, si vous tenez à ces roses, madame, je les laisserai s'effeuiller en paix.

— J'y tiens beaucoup, monsieur, et je trouve qu'il y a bien assez d'orages et de mauvais vents comme cela.

— La volonté de Dieu soit faite et la vôtre aussi, madame.

Là-dessus Franck s'éloigna.

— Patience, dit madame Coupevent, il finira par s'apprivoiser un peu.

Il n'en fut rien. Une veuve pourtant toucha le cœur de Franck au point qu'il en devint infidèle à ses saintes amours; mais cette veuve-là, ce ne fut pas la gaie et gracieuse madame Coupevent.

XIII.

Léon Durand fut atteint de je ne sais plus quelle maladie d'entrailles, aux premiers jours de l'automne. Il voulut lutter contre le mal et contre le médecin ; il espéra que la jeunesse prendrait le dessus: il continua de plus belle à aller à cheval, et à faire le crieur dans les ventes par adjudication. Il eut une rechute qui l'emporta en moins de huit jours.

A l'heure de la mort, après quelques heures de divagation, il prit la main de Franck, et lui dit : — Je te lègue ma femme, aime-la et protége-la.

Je ne vous peindrai pas la douleur de Camille et de Franck : d'abord ils se désolèrent en silence, ensuite ils se parlèrent de leurs peines. Madame Coupevent, se voyant de plus en plus étrangère parmi eux, partit pour Rouen, dans la famille de son mari. Une fois partie, elle eut dans le pays un représentant qui se mit en œuvre de liquider la succession du vieux M. Coupevent. Le débiteur de cette succession, c'était Léon Durand. Franck, qui jusque-là n'avait jamais fouillé dans le grimoire des chiffres, se mit sérieusement à la tête de la liquidation de son pauvre ami. L'étude et la maison furent vendues sans perte, mais pourtant, tout compte fait, on retrouva à grand'peine les 35,000 fr. de Léon et la petite dot que Camille devait à son oncle. Franck comprit que la pauvre femme allait se trouver avec de maigres revenus : sa sollicitude pour elle s'en accrut encore ; il alla jusqu'à la tendresse pour cette sœur d'infortune.

Le nouveau notaire installé, Camille et son enfant se retirèrent chez M. de Sancy; Franck qui, depuis le départ de madame Coupevent, habitait une mauvaise chambre de cabaret, parla alors de retourner à Paris. Le vieux marquis, qui l'aimait, le supplia de rester et d'accepter un logis au château. Franck demeura par tendresse pour Camille.

Au bout d'un mois, l'ombre de Léon s'éloignait déjà un peu de sa femme et de son ami ; on parlait toujours de lui, mais on y pensait moins. Il y eut cette année-là une belle fin d'automne; Franck et Camille se promenèrent beaucoup : c'était, disaient-ils, promener leur douleur. Chaque promenade réveillait en leurs cœurs je ne sais quelle poésie vivante qui agitait la jeune veuve jusque dans son sommeil; après avoir long-temps parlé de Léon, ils parlaient un peu de madame de Vandeuil. Franck était noble et

beau dans sa passion; il aimait avec la poésie des Allemands et la grâce des Français: au seul nom de madame de Vandeuil, l'âme lui venait sur les lèvres et dans les yeux. Il confiait son amour à Camille avec la candeur d'un enfant qui se confesse; il l'eût confié avec joie vingt fois par jour : c'était l'avare las de porter son trésor, qui trouve un champ solitaire où il le peut enfouir. L'avare aime à revoir le champ qui renferme son trésor; ainsi Franck aimait souvent à revoir Camille. Or, Camille déroba le trésor.

Toutes les paroles d'amour envolées du cœur de Franck comme de blanches colombes allaient au cœur de Camille, qui parfois s'aveuglait, pareille au confesseur qui écoute en frémissant la confession d'une femme. Franck s'aveuglait aussi. Ils étaient heureux de se voir, de se parler, de s'entendre, de marcher sur la même herbe, sous le même rayon de soleil; mais ils croyaient tout simplement se consoler.

Un soir, au fond du petit parc, ils parlèrent deux heures durant, à l'heure où l'oiseau chante son dernier refrain, sans dire une seule fois le nom de Léon. Camille fut effrayée de cet oubli ; mais, le lendemain, il ne fut pas dit un mot de madame de Vandeuil, et Camille en ressentit une joie infinie. La jalousie l'avertit qu'elle aimait Franck comme on n'aime pas un frère.

—J'ai beau me cacher cela à moi-même, dit Franck, j'aime toujours madame de Vandeuil; mais, hélas! j'aime aussi Camille.

Et il cherchait encore à s'aveugler en songeant qu'il aimait surtout la veuve de Léon comme une femme qu'on protége. — Elle est seule, sans fortune, presque sans famille, comment ne pas l'aimer? Mais il ne disait pas : — Elle est belle, elle est tendre, elle m'aime, pourquoi ne pas l'adorer?

Franck et Camille s'aimèrent donc. Camille s'éleva sur l'autel et renversa madame de Vandeuil; l'image de Léon se confondit peu à peu dans celle de Franck. Pourtant le souvenir désolé de madame de Vandeuil agitait toujours Franck ; la pauvre amante se relevait quelquefois jusqu'à l'autel, et l'ombre de Léon venait çà et là glacer le cœur de Camille.

XIV.

C'est ainsi que, flottant entre deux amours, Franck vit arriver le jour de la fête de la pauvre madame de Vandeuil; ce jour-là, cependant, l'ancien amour reprit toute sa force et toute sa poésie. Franck, redevenu romanesque comme aux plus beaux jours de sa jeunesse, passa ce jour-là, du matin au soir, sur le bord de la rivière, à deux pas du chemin vert, aboutissant à la grande route de Paris. Mais il vit le soleil se coucher dans un funèbre lit de nuages avant qu'une seule voyageuse passât sur ce chemin.

Il attendit encore; le dirai-je, il se mit à pleurer comme un enfant, sans bien savoir pourquoi. La lune se leva au-dessus du bois du Pin-Noir; le vent de novembre s'acharnait après les dernières feuilles des ormes; un cri d'oiseau de proie retentissait çà et là dans la vallée. La scène, comme on voit, était digne du personnage. Enfin il rentra au château, soupa tant bien que mal, et se coucha pour rêver sans dormir. La nuit fut triste; elle passa lentement; il ne s'endormit guère qu'au point du jour, au chant du coq.

Quelques jours après, Camille vint à lui, une lettre à la main.

— Une lettre! s'écria-t-il avec effroi.

— Oui, dit Camille qui cachait à peine sa joie, la lettre d'une femme sage.

Franck saisit la lettre et la dévora d'un regard.

« Ah! ma pauvre amie! que j'étais folle de chercher l'amour où le bonheur n'était pas. Quel vertige et quel égarement! Dieu m'a touché le cœur et ouvert les yeux; je suis retournée à M. de Vandeuil, qui m'a accueillie comme une sœur, comme une sœur qui se repent. Tout est pardonné, tout est donc fini. Le plus beau côté de l'amour, c'est le sacrifice; je vais m'y réfugier de tout mon cœur. Adieu! que tout soit oublié. »

C. DE VANDEUIL.

— Vous voyez, monsieur, dit Camille, qu'on ne va pas au couvent pour rien; la religion a des ressources sans nombre.

Franck fut cruellement blessé au cœur par la lettre de madame de Vandeuil. Pas un mot pour moi, se disait-il en lui-même, pour moi qui ai pleuré hier pendant deux heures : Que tout soit oublié, dit-elle. Oui, que tout soit oublié ! Dès aujourd'hui je ferme mon cœur à toutes les folles rêveries de cet amour romanesque ; j'en chasse tous les souvenirs qui m'ont si tristement charmé. Nous verrons qui des deux oubliera le dernier.

L'amour est toujours aveugle : Franck finit par croire qu'il n'avait jamais aimé madame de Vandeuil comme il aimait Camille ; des idées de mariage vinrent malgré lui passer dans ses rêves. A la fin de l'hiver, le vieux M. de Sancy étant tombé en paralysie, les idées de mariage s'enracinèrent de plus en plus dans l'esprit de Franck : Camille allait être seule ; le marquis mort, il ne pouvait rester près d'elle. Il se hasarda d'en parler à Camille, qui ne put s'empêcher d'être de l'avis de Franck.

Le mariage eut lieu à la fin de la saison. Peu de temps avant la célébration, Franck fit un voyage à Paris sans s'inquiéter de madame de Vandeuil. Il n'en avait plus de nouvelles depuis six mois, Camille n'ayant pas, on devine pourquoi, répondu aux lettres de sa pauvre amie.

Une fois marié, Franck se trouva le plus heureux des hommes de son âge. Sa femme était d'un charmant caractère, toujours aimable, toujours gracieuse et toujours jolie; pour n'en pas devenir fou, il se mit à cultiver son jardin, à planter et à bâtir. — C'est bien étonnant, disait-il quelquefois, que j'aie oublié si vite cette pauvre madame de Vandeuil. Croyez donc aux serments et aux amours éternelles. La Fontaine avait bien raison de dire que l'homme était le plus inconstant de tous les animaux.

XV.

Revenons un peu à madame de Vandeuil. Au couvent, elle avait prié Dieu : à force de prier Dieu, elle avait presque éteint dans son cœur les passions profanes ; elle avait pardonné à M. de Vandeuil ses colères et sa jalousie ; elle était retournée à lui, résignée à tous les sacrifices pour l'expiation de ses égarements. Cependant Franck était toujours dans son cœur; mais elle enchaînait son cœur dans le devoir. L'hiver se passa ainsi; hélas! avec le printemps l'amour rebelle refleurit dans son âme : elle eut beau prier et pleurer! Elle commença à vivre plus solitaire; elle se plaignit à M. de Vandeuil d'un mal imaginaire; comme elle gardait pour lui parler un doux sourire, qu'il prenait pour de l'amour, mais qui n'était que de la résignation, il respecta ses désirs de solitude. Dès qu'elle se vit plus libre, elle s'abandonna au premier rêve venu; peu à peu, elle feuilleta en tremblant le doux et triste roman du passé, elle redevint l'esclave de son cœur. Un soir qu'elle était seule devant son piano, elle regarda autour d'elle comme un coupable qui va commettre une mauvaise action; elle hasarda toute pâle et toute effarée ses doigts sur les touches; elle écouta avec la joie du délire : elle jouait la Romanesca, qu'elle n'avait osé jouer depuis un an. Je vous dirais mal avec quelle douloureuse impression elle joua ce vieil air; elle s'était étrangement animée dès le début, son cœur battait avec violence, ses yeux versaient des larmes : — Franck ! où es-tu ? où es-tu ? s'écria-t-elle en laissant tomber ses bras et en levant ses yeux au ciel.

M. de Vandeuil entra à cet instant dans la chambre de sa femme.

— Qu'as-tu donc ? J'ai entendu des sanglots.

— J'ai, monsieur, que je suis indigne de vous. Chassez-moi de cette maison, car mon cœur n'y est pas.

Il n'en fallait pas tant pour exaspérer M. de Vandeuil. Il saisit la main de sa femme, et l'entraîna violemment en criant comme un fou :

— Allez, allez, madame, allez, ou je vous tue !

— Tuez-moi, dit madame de Vandeuil, qui ne savait où aller.

Elle quitta pour la dernière fois le toit conjugal, appelant la mort de toute son âme. Elle alla, accompagnée de sa femme de chambre, passer la nuit chez la mère de M. de Vandeuil. Grâce au dévouement aveugle de sa femme de chambre, elle parvint le lendemain à réunir assez d'opium pour s'empoisonner.

— Encore, si Franck était là ! dit-elle en regardant l'opium.

Par pressentiment, madame de Vandeuil le croyait toujours à Ormoy. La femme de chambre alla à l'ancienne maison de Franck pour savoir sa nouvelle demeure. On répondit qu'on n'en savait rien ; il avait cédé ses meubles à un créancier, mais on pensait qu'il était encore en Normandie.

Madame de Vandeuil partit pour la Normandie.

XVI.

Un jour que Franck se promenait dans un petit bois dont il avait fait un parc, le garde champêtre vint à lui avec mystère, et lui remit un billet. Il pâlit et chancela comme s'il allait mourir. C'est de madame de Vandeuil, pensa-t-il, et il lut d'un œil égaré :

« Adieu donc ! je vais mourir ; je suis déjà

morte à demi. Je voulais vous cacher ma mort; mais pardonnez-moi cette dernière faiblesse. Je suis venue mourir près de vous, mais, hélas ! loin de votre cœur. Je ne dois pas me plaindre; je suis punie par où j'ai péché. Adieu donc !... Mais non, j'ai été seule en ce monde, je serai seule au ciel ! »

— Où est cette femme ? demanda Franck tout bouleversé.

— À l'auberge de la Croix-Rouge, là-bas, sur la route de Caen, dit le garde champêtre.

— Ne dites pas un mot, reprit Franck en payant le message.

Il retourna à la maison, sella lui-même son cheval, et courut à l'auberge de la Croix-Rouge. A son arrivée, il y régnait un grand désordre. Il n'osa interroger personne; il entra dans une arrière-salle, à la suite d'un médecin qui venait d'arriver aussi ; il alla tomber sur le lit, sans rien voir et sans rien entendre : — Ah ! mon Dieu ! s'écria-t-il.

Il ne dit pas un mot de plus ; il prit la main de la morte, il la baisa mille fois.

— Cette femme est empoisonnée, dit le médecin.

— Ma foi, dit l'aubergiste, je n'en ai rien compris. Elle est descendue hier ici au passage de la diligence ; le soir, elle a été jusqu'à Ormoy ; elle en est bientôt revenue en pleurant ; elle a pleuré toute la nuit ; mais je n'y pouvais rien.

— Vous n'avez pas surpris quelque fiole ? elle ne vous a pas demandé d'arsenic ?

— Ne cherchez pas tant, dit Franck tout égaré par la douleur, c'est moi qui l'ai tuée !

Madame de Vandeuil fut enterrée dans le petit cimetière de Sancy, non loin du château, près de la haie, à l'ombre d'un saule à demi brisé. Dans la belle saison, Camille, suivie de ses deux jolis enfants, va de temps en temps, sur le soir, rêver à sa pauvre amie, tout en cueillant l'herbe funèbre qui couvre sa cendre.

Franck va aussi rêver sur cette fosse; mais il y va la nuit, au retour de la chasse et de la promenade; il y va en silence et en mystère, car il ne rêve pas seulement, lui, il pleure. Le dirai-je? aujourd'hui qu'il est un peu fatigué de la vie pastorale, aujourd'hui qu'il ne sait plus que bâtir ni que planter, il rouvre son cœur au souvenir, il repasse avec une joie douloureuse dans le printemps de sa vie; et, croyez-le bien, la plus aimée de ces deux femmes qu'il a adorées, c'est à cette heure madame de Vandeuil. La mort a une poésie magique. En un mot, Franck aime la veuve de Léon avec un sourire, madame de Vandeuil avec une larme.

ÉLÉONORE ET LÉTITIA.

I.

Parmi les peintres et les musiciens, j'ai découvert plus de francs poëtes que parmi les poëtes qui font des vers. Greuze est un poëte, moins la rime et le fracas, le poëte de la grâce mondaine, de la candeur et du sentiment, le poëte du coin du feu. Quand il vint au monde, du moins quand il s'arma du pinceau, il y avait bien assez de Vierges et d'Amours, de saintes et de profanes; la Madeleine avait trop pleuré, Vénus avait trop souri. Loin du ciel, loin de l'Olympe, Greuze chercha quelque figure charmante à mettre en scène : il n'eut qu'à jeter les yeux autour de lui. Pourquoi ne pas peindre cette jolie blonde au blanc corset, les cheveux au vent, qui arrose des marjolaines sur sa fenêtre? Sophie qui effeuille une marguerite à l'ombre du sentier mystérieux? Jeannette qui s'en va à la fontaine, toute rêveuse et toute languissante, comme si c'était la fontaine d'amour? Pourquoi chercher bien loin la poésie qui chante à nos pieds? Le temps du poëme est passé, le temps du roman est venu pour les peintres comme pour les poëtes; et, disant cela, Greuze, le premier, fit des romans sur la toile. Il ne perdit pas des heures précieuses à étudier les Romains sur des médailles, les Sylvains et les Dryades d'après Boucher; il étudia, avec la poésie de la couleur et du sentiment, la première scène venue : il fit toujours un joli chef-d'œuvre, grâce à la poésie ; car, il ne faut pas s'aveugler, un peintre qui ne voit que par les yeux du corps fera toujours un tableau vulgaire en copiant la première scène venue, à moins pourtant que ce peintre ne s'appelle Wilkie. Ainsi, Greuze a eu des disciples sans nombre, qui se sont perdus sur ses traces; pourtant ils dédaignaient comme lui la ligne et le style, ils avaient aussi la science ou plutôt l'habitude de la couleur; mais ils ne pouvaient, comme le maître, aller chercher, pour animer toutes ces figures sentimentales jetées à tort et à travers, cette divine lumière qui est le rayonnement de l'âme : ceci est l'œuvre du poëte.

Greuze a vécu quatre-vingts ans, comme quelques hommes célèbres de son siècle. Les âmes fortes tiennent bon ; loin de tuer le corps, elles le raniment sans cesse. N'en croyez pas le proverbe qui dit que le génie empêche de vivre : presque tous les grands hommes sont morts de leur belle mort. Greuze a traversé les passions, la misère, le

chagrin, sans y succomber; il s'était résigné
de bonne heure à toutes les infortunes humaines, il a vécu sans fatigue et sans plainte,
se reposant à tout rayon de soleil, à tout
sourire d'amour. Le secret de sa bonne volonté, c'est le travail, c'est la peinture, c'est
le génie (il y a génie et génie). Depuis son
enfance jusqu'à ses derniers jours, on l'a vu
à l'œuvre dès le matin; mais il n'a pas dit le
nombre des nuits qu'il a passées, dans un
temps, pour avoir des manchettes, dans un
autre temps, pour acheter une robe à sa fille.

La famille de Greuze était originaire de
Bussy, sur les bords de la Saône; on trouve
parmi ses ancêtres un seigneur de La Guiche
près Icilly, procureur de la prévôté royale.
Son père était architecte à Tournus, dans le
même pays. C'est là que naquit en août 1725
Jean-Baptiste Greuze. Dès qu'il sut tenir une
plume, ce fut pour faire le portrait de son
maître d'école; à six ans, il dessinait des
anges qui n'avaient pas trop l'air de démons;
à sept ans, ayant découvert un grand nom-

bre de dessins de Rembrandt, il s'écria comme le Corrège : Moi aussi, je suis peintre. Et il noircit le mur de sa chambre de vieilles figures fantastiques. Le père, qui ne rêvait que l'art de Perrault, l'art des festons et des astragales, augura bien d'abord pour l'architecture des préliminaires de son fils ; il lui fit dessiner des fenêtres, des temples et des colonnes doriques ; mais vous devinez que Greuze mettait toujours quelqu'un à la fenêtre, sa mère, sa sœur ou sa cousine. Le père, qui ne comprenait rien de bon à Raphaël ni à Van Dyck, finit par lui interdire toute espèce de figure. Greuze avait huit ans ; il fit semblant d'obéir, mais il n'en dessina pas moins dès qu'il se trouvait seul. Le père irrité le veilla de près ; à chaque surprise le pauvre Jean-Baptiste était un peu rudoyé ; il mit de la colère dans sa rébellion, et cette colère anima son talent enfantin. L'idée lui vint de se venger de son père par quelque petit chef-d'œuvre. Il veilla la plus belle moitié des nuits, sans en rien dire même à sa sœur. On s'étonna de sa pâleur et de son abattement, on consulta un médecin, qui ne manqua pas d'ordonner une médecine ; Greuze demanda trois jours de répit. Arrive la Saint-Jacques, la fête de son père; au point du jour, Greuze descend moitié triste, moitié joyeux, portant d'une main un bouquet cueilli la veille, de l'autre une image de saint Jacques. Le père respire le bouquet, regarde le saint Jacques. — D'où te vient cette gravure? — Mon père, c'est encore moi qui en suis coupable. — Allons donc! c'est une gravure. Tout en regardant, le père découvrit enfin ça et là le trait de plume. Il ne put s'empêcher d'admirer la grace et la délicatesse de ce petit chef-d'œuvre; mais il en revint bientôt à ses premières idées. — Je te pardonne encore celle-là, mais que ce soit la dernière. — Je n'en ferai pas d'autres, dit Greuze révolté. Il retourna à sa chambre et il se remit à l'œuvre.

Durant quelques années, ce fut un combat infini entre le peintre et l'architecte; heureusement que la mère de notre artiste était toujours entre les combattants, apaisant l'un et consolant l'autre. Greuze avait pris goût à la vie pastorale, il aimait les verts paysages, les promenades agrestes, le silence harmonieux des bocages, les scènes naïves de la campagne. Il allait rêver et dessiner sur les bords de la Saône, en vue des moissonneurs et des mariniers ; il se mêlait aux fêtes du village voisin, il dansait sans façon à la noce du hameau. Ainsi son âme réfléchissait quelques-uns de ces tableaux charmants qu'il a dispersés en France, en Angleterre, en Russie, partout, jusqu'en Chine; ainsi il amassait de précieux souvenirs qui ont répandu de la fraîcheur sur toutes ses œuvres.

Il avait treize ans, la guerre durait toujours. Un soir un mauvais peintre, Gromdon, passant par Tournus, s'arrêta au logis de l'architecte avec une pacotille de tableaux.

— Voulez-vous des tableaux, monsieur Greuze? J'en ai de tous les prix, de tous les genres et de toutes les religions.

— Des tableaux ! s'écrie l'architecte; voulez-vous un peintre? je vous le donne pour rien.

Quoique peintre, Gromdon ne fut pas trop mal reçu chez l'architecte. Après souper, il y fut témoin d'une scène fort pittoresque entre le père et le fils. Greuze, ayant quitté la table avant les autres, s'était avisé de tracer au charbon, sur la dalle, les deux figures, un peu animées par le vin, de son père et de Gromdon. Le père, s'étant reconnu, voulut tirer les oreilles du fils ; Gromdon l'apaisa en déclarant qu'il emmenait à sa *fabrique* l'enfant rebelle. Gromdon avait une vraie fabrique de tableaux, d'enseignes et de portraits : c'était le peintre du château et du cabaret, de l'église et du mauvais lieu. Il avait sous ses ordres une demi-douzaine de petits barbouilleurs qui fabriquaient un tableau par semaine; Greuze en fabriqua bientôt un par jour pour braver ses condisciples. Ce labeur surhumain eût épuisé un talent commun, mais Greuze fabriquait, comme il le disait lui-même, par-dessous la jambe. Ce n'était qu'un jeu pour sa main prodigue. Il préparait, dans son imagination, des œuvres plus sérieuses ; bientôt l'ouvrier devait s'effacer devant l'artiste. Mais avant cette transformation il passa par l'amour. Vous croyez peut-être qu'il se laissa séduire de face ou de profil par quelque jolie adolescente, de celles qu'il peignait si bien ? Point du tout ; il s'éprit follement de la femme de son maître : elle était belle, elle était tendre, pardonnez-lui, pardonnez à tous les deux. Greuze lui-même vous racontera les enchantements de ce premier amour.

A vingt ans il fit un vrai tableau. Il avait assisté, dans ses promenades, à une lecture de la Bible par un vieux fermier de vénérable figure, entouré de sa famille : cette scène toute patriarcale l'avait séduit ; il peignit de souvenir, au hasard, sans modèle et sans guide. Son maître fut étonné de ce tableau.

—Va-t-en, dit-il à Greuze, tu es un grand peintre, tu n'as plus rien à faire ici.

Il faut dire qu'alors Gromdon était jaloux.

Greuze partit pour Paris sans un sou vaillant, mais dans le brillant cortége des espérances : il fit des portraits pour vivre durant tout le chemin. Ce fut le voyage aventureux que nous avons tous fait à vingt ans, le seul charmant voyage de la vie : on part, on va droit devant soi, arrivera-t-on? Qu'importe ; on a le pied si léger et le cœur si chantant ! Greuze arrive à Paris ; Paris vu de loin, c'est le paradis du monde. A cette heure, ce n'est plus pour Greuze qu'une bruyante solitude. Où aller? le désert est partout. Il prit pied dans un piteux hôtel de la rue Richelieu, ne sachant trop comment il payerait son gîte. Dès le lendemain, il alla à l'Académie de peinture, où il ne vit que Cupidon et son attirail. C'était au beau temps de l'école de Boucher ; la mythologie était pour beaucoup dans la science de la peinture. Greuze n'y comprit rien ; il prit les amours pour des anges.

Il ne voulut être d'aucune école, il ne reconnut aucun maître ; il peignit seul en toute liberté : de là son originalité. Les peintres à la mode se moquèrent d'abord de cet orgueilleux de vingt ans qui ne savait rien et qui ne voulait pas de leur science ; mais bientôt le monde fut d'un autre avis sur le compte de Greuze : il se trouva des gens d'esprit fatigués de leur clinquant, qui ne craignirent pas de sourire aux ravissantes figures du jeune orgueilleux. C'était, disait Diderot, un peintre original qui venait donner un coup de pied dans le cul à tous les cupidons de Boucher.

II.

Dès que Greuze eut gagné quelque argent, il voulut faire, comme tous les peintres bien inspirés, le voyage d'Italie. Ce fut à peu près le voyage pittoresque de Grétry. Il ne s'inspira guère des chefs-d'œuvre des grands maîtres; il ne prit guère le temps d'étudier le génie de Raphaël : il admirait les Vierges adorables de ce roi des peintres, mais il admirait bien plus une belle Romaine, qui était un chef-d'œuvre de la création divine. Il avait emporté en Italie des lettres de recommandation qui étaient bien loin de valoir ses rêves ardents de gloire et de génie; une de ces lettres cependant lui fut bonne à quelque chose; si ce ne fut pas pour la renommée, ce fut pour l'amour; et tout peintre et poëte qu'il était, il aimait mieux une douce parole venue du cœur qu'une orgueilleuse couronne de laurier. Donc, après les fêtes que Fragonard et ses autres amis de l'Académie lui firent à son arrivée, il s'en alla droit au palais du duc del Orr... Le duc l'accueillit avec beaucoup de grâce, en grand seigneur qui pressent un homme de génie. Greuze arrivait à propos. Notre grand seigneur avait une fille adorable, qui jusque-là ne rêvait que peinture : il fallait un maître à cette belle fille ; autant Greuze qu'un autre. En voyant pour la première fois Létitia, qui était bien le chef-d'œuvre de la nature, Greuze se demanda si

9

cette leçon ne serait pas pour lui-même. La leçon fut bonne pour tous les deux. Le lendemain, nouvelle leçon. — Le génie vient du cœur, se dit Greuze. Déjà à diverses rencontres Greuze avait dit cela, mais jamais il n'avait parlé avec tant de vérité. Il aimait Létitia comme on aime un ange, comme on aime une femme ; elle avait tant de candeur céleste et tant de beauté corporelle ! tant de grâce divine et humaine ! Il n'aimait pas seul : les deux âmes du maître et de l'écolière s'étaient épanouies en même temps, comme deux roses printanières, au même rayon du soleil. Ce n'était pas encore de l'amour, c'était de la tendresse ; c'était ce sentiment ineffable qui s'élève tous les jours de ce monde comme un encens vers la divinité. Greuze fut heureux de son amour, mais plus heureux encore de l'amour de Létitia. Hélas ! ce bonheur passa vite, comme tous les bonheurs ; ce ne fut qu'un regard, un sourire, une larme, rien de plus ; mais tout cela, n'est-ce pas le bonheur ? Greuze pressentit que cet amour ne devait être qu'une illusion d'un instant : il venait de naître sans raison ; comme tous les amours, il allait mourir sous le coup de la raison ; et, en effet, en ce temps où les grands seigneurs n'avaient pas encore perdu la magie de leurs titres, un pauvre diable de peintre, fût-il un grand seigneur par le génie, devait perdre son temps à adorer la princesse Létitia. Heureusement que l'amour ne perd jamais son temps. Or, les rois n'épousant plus les bergères, Greuze pensa qu'il n'avait qu'un sage parti à prendre, celui de s'en aller du palais del Orr..., dérobant ainsi à Létitia son amour, ses regrets et ses larmes. Il confia tout à Fragonard, qui le surnomma Chérubin amoureux, et qui se moqua beaucoup de ses beaux sentiments. Fragonard avait été à d'autres écoles ; il avait peint le nez retroussé de mademoiselle Guimard, l'œil en coulisse de mademoiselle Dubois, la bouche en cœur de mademoiselle La Prairie. Les sentiments de Fragonard ne s'élevaient pas au delà de l'alcôve : vous devinez toutes les épigrammes que Greuze eut à subir d'un pareil compagnon d'aventures. Il se réfugia dans la solitude, il prit la mélancolie pour compagne, il voulut fuir l'image adorable de Létitia; mais cette image était partout souriante sous ses regards comme une enchanteresse. Prenait-il sa palette ou ses pinceaux, au premier trait, vite Létitia se dessinait comme par magie sur la toile; se promenait-il dans le silence, le souvenir ramenait près de lui la belle princesse. Souvent même, comme il errait aux alentours du palais, il voyait apparaître à quelque fenêtre lointaine la pensive figure de son amante.

Un jour qu'il prenait le croquis d'une tête de Vierge dans l'église de Saint-Pierre, peut-être pour s'aveugler sur la charmante figure de Létitia, le duc del Orr... vint à lui :

— Comment, Greuze, vous ne revenez plus au palais? Ma galerie est déserte, ma fille a mis ses pinceaux de côté en perdant son maître. Revenez donc, revenez donc. En votre absence, j'ai enrichi ma galerie de deux têtes du Titien; mon vieil oncle en voudrait une copie par Létitia, venez donc la guider encore.

Le lendemain, Greuze retourna au palais, pâle et tremblant à la seule idée de revoir son amante; mais, ce jour-là, il ne la revit pas. Depuis la veille, la belle Létitia était malade, malade de ne plus revoir Greuze. Il commença seul la copie du Titien. Le lendemain, comme il rêvait tristement devant l'œuvre du grand maître, la suivante de Letitia vint à lui d'un air mystérieux. — Suivez-moi, lui dit-elle.

Greuze regarda cette fille avec surprise, comme s'il n'eût pas entendu. — Suivez-moi, lui dit-elle encore.

Greuze obéit comme un enfant. Il arriva bientôt dans une chambre un peu assombrie par de grands rideaux de taffetas: du premier regard, il vit Létitia dans l'ombre;

elle était languissamment couchée dans un fauteuil. Quoique pâle comme une morte, elle rougit soudainement à l'arrivée de Greuze; elle lui tendit sa main en silence; il tomba agenouillé pour baiser cette blanche main. La pauvre princesse rayonna de joie amoureuse; elle souleva la tête, et répandit sur Greuze le plus doux regard tombé des plus beaux yeux.

— Monsieur Greuze, je vous aime. N'allez pas me condamner comme une extravagante; je vous aime, mais...

Elle pencha la tête, et sembla attendre une réponse du peintre. Greuze ne savait que dire; il se contenta de baiser une seconde fois la main de Létitia.

— Oui, monsieur Greuze, pourquoi ne pas vous le dire? je vous aime! Mais vous?

Greuze gardait toujours le silence, perdu qu'il était dans l'ineffable ravissement. Létitia augura mal de ce silence; elle retira sa main, et se mit à pleurer en détournant la tête.

Greuze sortit enfin du songe.

— Si je vous aime ! s'écria-t-il en pleurant aussi. Ah ! Létitia ! Mais voyez, moi, je suis fou depuis que je vous ai vue.

— Vous m'aimez ! dit-elle avec un éclat de joie.

Elle tomba dans ses bras tout éperdue; durant quelques secondes, il n'y eut plus là qu'un seul cœur, un seul soupir, une seule âme. Greuze le premier chassa l'enchantement.

— Hélas ! dit-il, nous ne sommes que des enfants, songez-y bien, Létitia. Vous m'aimez ? mais vous êtes la fille du duc del Orr... Je vous adore, moi ; mais je ne suis qu'un pauvre peintre sans gloire et sans fortune. L'amour se joue cruellement de moi.

— Vous ne savez pas ce que vous dites, murmura Létitia, qui était toujours sous le charme; je vous aime et je vous épouse, c'est tout simple.

— Y songez-vous, mon cher ange? votre père...

— Mon père, mon père. Je sais bien qu'il rêve pour moi un vieux mari fort laid, son éternel Caza..., ou, à défaut de celui-ci, cet imbécile de comte Palleri, que je n'ai jamais vu, Dieu merci! Je suis riche par l'héritage de ma mère : je vous donne mon bien, mon cœur, ma vie, enfin tout ce que j'ai, pour un regard de vous, méchant. Nous allons partir pour la France; là, le plus modeste asile sera pour nous un palais. Greuze deviendra un Titien, moi, je deviendrai sa femme; je serai là pour reposer son front, je serai là pour l'aimer, je serai là dans son cœur. Mais vous ne dites plus rien? Pourquoi donc cet air triste et pensif? Est-ce ainsi que vous m'aimez?

Greuze se laissa entraîner aux séductions de l'amour; il oublia les titres de noblesse, il bâtit avec Létitia les plus beaux châteaux en Espagne ; mais, se reprenant bientôt :

— Hélas! dit-il, pourquoi ne suis-je pas un grand-duc?

— Quel enfant vous faites! dit Létitia; à quoi bon tous ces titres bruyants? En voulez-vous, des titres?

Et, disant cela, la belle Italienne se pencha comme une gracieuse fée vers son amant, lui prit sa blonde chevelure dans ses petites mains, et lui mit sur le front un baiser si doux qu'il eût éveillé Alain Chartier.

— Eh bien! lui dit-elle avec un charmant sourire, est-ce que ce titre-là n'en vaut pas un autre?

Le baiser de Létitia fut le plus doux que ressentit Greuze; ce fut une extase, une pure ivresse, une tendre volupté qui n'est guère faite pour les hommes.

Il fallut se quitter pourtant. Greuze s'en alla ravi, heureux, enchanté, promettant de revenir le lendemain.

— Demain, dit Létitia, demain, tu ne partiras pas seul.

Hors du palais, le peintre sentit qu'il sortait de son Éden. Adieu l'ivresse, adieu le ravissement : Greuze redevint raisonnable; il n'osa s'abandonner à toute la poésie de son aventure. — Non, dit-il, non, je n'irai pas jeter la désolation chez ce noble et digne duc del Orr... Létitia est aveugle; mon devoir est de l'éclairer.

Il repoussa au loin ses illusions et ses espérances, son amour seul lui resta.

Le lendemain, quand il revit Létitia, il était pâle et désolé : la victoire qu'il avait remportée sur son cœur lui avait coûté bien des larmes.

— Quoi! triste? lui dit Létitia en se jetant à son cou. Est-ce pour me faire peur?

— Oui, triste, Létitia, parce que je vous aime trop, parce que je renonce à vous, qui seriez ma joie la plus sainte et ma gloire la plus pure.

— Voyons! est-ce que vous avez perdu la tête? C'est bien mal de vous jouer ainsi de ma tendresse. Revenez donc à la raison : hier vous étiez charmant.

— Hier j'étais fou, hier je n'écoutais que mon cœur ; aujourd'hui...

— Est-ce que vous parlez sérieusement ? s'écria Létitia presqu'en colère. Vous ne m'aimez donc pas ? Si vous avez feint de m'aimer, c'était donc pour me déchirer le cœur ? c'est de la barbarie ! Allez, allez ! poursuivit-elle en tombant dans un fauteuil ; vous m'avez frappée mortellement, mais je veux souffrir seule ; je ne veux plus vous revoir.

Et, d'une main agitée, elle indiqua la porte à Greuze. Comme la veille, Greuze n'eut pas la force de résister à tant d'amour. Il se jeta aux pieds de Létitia, il essuya de ses lèvres les beaux yeux de l'Italienne, il lui jura mille fois d'obéir en esclave.

— Eh bien ! dit-elle avec résolution, partons donc à l'instant. Ludia nous accompagne ; mon père est à deux lieues de Rome, chez le comte Palleri ; quand il reviendra, nous serons loin ; descendons par le jardin, nous trouverons à la porte le carrosse qui nous attend ; car j'ai pensé à tout, moi, je n'ai pas eu peur comme vous ; je n'ai pas regretté le sacrifice un seul instant.

Elle avait entraîné Greuze jusqu'à la porte de sa chambre.

— Je n'oublie rien ? dit-elle en se retournant.

Elle pâlit soudain ; Greuze la vit chanceler.

— Létitia, qu'avez-vous? dit-il en lui prenant les mains.

— Voyez, répondit-elle plus pâle encore, voyez !

Elle regardait d'un œil égaré le portrait de son père appendu au milieu de sa chambre. Ce portrait était de Greuze ; comme dans toutes les têtes de Greuze, il y avait dans celle-ci un si beau sentiment, une si grande douceur, qu'on se sentait attendri à la première vue. Il y avait, en outre, dans cette noble figure je ne sais quoi de mélancolique allant droit au cœur : le duc semblait reprocher tristement à sa fille de l'abandonner ainsi. Ce doux regard qu'il donnait à sa fille à chaque heure du jour, ce regard qu'elle demandait après son réveil comme avant de s'endormir, avait pris tout d'un coup une expression douloureuse qu'elle n'avait pas vue jusque-là.

— Mon père! dit-elle.

Et dans son cœur, qui battait avec violence, son père lutta avec son amant. Greuze n'osait plus rien dire.

— Je n'ai plus la force d'avancer, lui dit-elle, soutenez-moi et emmenez-moi.

— Je n'ai pas de force non plus; arrêtons-nous là, Létitia; un dernier baiser, toujours sous les yeux de votre père, et adieu pour toujours.

Létitia ne répondait rien.

— S'il y a un sacrifice à faire, reprit Greuze, que ce soit pour votre père. D'ailleurs, songez-y bien, l'amour n'est beau qu'à son aurore: cette aurore s'est levée sur nous; n'allons pas plus loin.

Elle se mit à pleurer; elle tendit ses mains

à Greuze, et lui dit d'une voix étouffée : — Je vous remercie.

Greuze partit, bien décidé à ne plus revenir au palais. La femme de chambre, qui le conduisait, lui dit sur le perron : — A revoir, monsieur Greuze; vous êtes, ma foi, un bien triste amoureux. — Après tout, cette fille a peut-être raison, dit Greuze en s'éloignant.

Cinq semaines après, Greuze vit entrer le duc del Orr... dans son atelier. — Mon cher Greuze, ma fille veut à toute force son portrait peint par vous. Pouvez-vous venir demain ? — J'irai, dit Greuze. Le lendemain le pauvre peintre trouva au palais del Orr... le comte Palleri nonchalamment étendu à côté de Létitia. A la vue de Greuze, elle rougit et soupira. — Ma fille est mariée ; ai-je oublié de vous l'apprendre ? dit le duc, qui conduisait Greuze. Le peintre s'inclina sans mot dire.

Pendant que Greuze fit le portrait, Létitia se trouva deux fois seule avec lui : la première fois, il obtint d'elle une boucle de cheveux; la seconde, il demanda un dernier baiser, mais on ne lui accorda qu'une larme.

Le portrait fini, Greuze l'emporta à son atelier pour donner, disait-il, un dernier coup aux draperies et aux accessoires ; mais le lendemain il quitta Rome, emportant avec lui ce chef-d'œuvre d'art et d'amour.

En arrivant en France, il se hâta de faire un pendant à ce portrait. Létitia n'avait pu chasser l'image d'Éléonore, la noble femme de Gromdon. Greuze avait toujours devant les yeux ces traits enchanteurs qu'il avait adorés à vingt ans. Il peignit donc Éléonore de souvenir; ce portrait fut aussi fidèle que l'autre. Plus tard, comme il montrait ces deux charmantes têtes au grand-duc et à la grande-duchesse de Russie, les illustres voyageurs lui en offrirent vingt mille livres.
— Vous me donneriez toutes les richesses de votre empire sans payer ces deux tableaux, dit-il en pâlissant.

Greuze ne put s'empêcher de reproduire souvent l'image de ses deux amantes. Dans l'*Embarras d'une couronne*, la jeune fille, c'est Létitia : elle est appuyée sur un autel consacré à l'Amour, où des colombes se becquètent sur un lit de fleurs ; elle tient dans une de ses mains une couronne de roses et de myrtes qu'elle semble désirer et craindre de donner.

Huit ans après son retour en France, Greuze reçut une lettre de Létitia, dont madame de Valori a imprimé un fragment. « Oui, mon cher Greuze, votre ancienne élève est maintenant une bonne mère de famille; j'ai cinq enfants charmants que j'adore. Ma première fille serait digne d'offrir un modèle à vos heureux crayons ; elle est belle comme un ange; demandez-le au prince d'Est... Mon ménage est le plus heureux du monde ; mon mari me ferait presque croire que je suis toujours jeune et jolie, tant il continue de m'aimer. Comme je vous l'ai dit, ce bonheur, c'est votre ouvrage ; ce respect qui m'entoure, je vous le dois. Aussi, chaque jour de ma vie, je me rappelle, avec un sourire pour vous, que c'est votre générosité qui m'a empêchée de déchirer le cœur de mon père. Ce bon père vous aime toujours; lorsque votre nom nous est revenu ici tout couvert de gloire, mon père a été enchanté d'aise, et moi j'ai remercié le ciel, et j'ai eu un mouvement d'orgueil en songeant que j'étais peut-être pour quelque chose dans votre gloire.

« LÉTITIA. »

III.

Il est temps de vous apprendre l'histoire du premier amour, que Greuze n'a confiée que deux fois, à Grétry et à Florian. La confidence faite au poëte a plus de charme et d'à-propos : je vais donc la reproduire sur les indications de Florian. Greuze était allé joindre le jeune capitaine de dragons au château d'Anet, pour copier un vieux portrait de Diane de Poitiers. Nous sommes donc au château d'Anet, un des chefs-d'œuvre de Philibert Delorme, à moins que ce ne soit un chef-d'œuvre de l'amour, comme a dit un poëte :

> L'Amour en ordonna la superbe structure;
> Par ses perfides mains avec art enlacés,
> Les chiffres de Diane y sont encor tracés.

Or, ici l'amour, c'est tout simplement Henri II.

Greuze fut enchanté de ce château. — En vérité, dit-il à Florian, vous vous croyez poëte à Anet, on le deviendrait à moins. Voyez donc ce beau portique dont l'archivolte nous offre, au milieu des festons, des chiens et des sangliers, une belle figure de Diane, non pas l'amoureuse, mais la chasseresse.

— L'horloge qui domine ces quatre colonnes doriques est des plus ingénieuses, dit Florian. Douze fois par jour les chiens courent et aboient après un cerf qui, de son pied, frappe les heures. Mais entrons dans les salles du rez-de-chaussée. Voyez ce salon qui semble destiné à des hommes d'un autre âge. Quelle splendeur et quelle majesté! partout revêtu de ce magnifique marbre du Languedoc! comme ces beaux enfants portent bien ces trophées!

— Il est bien heureux, dit Greuze, que ce plafond soit peint par Audran. Mais voilà des Amours sans nombre qui ne disent rien qui vaille; et puis toujours Cupidon : Cupidon par-ci, Cupidon par-là. A tout prendre, j'aime encore mieux Vénus.

—Passons dans la salle des gardes. Ici le plafond vous offre des armes : c'est un peu moins fade; il est vrai que ce sont les armes de Henri et de Diane. Ce portrait que vous regardez un peu de travers, mon cher peintre, c'est celui du duc de Vendôme, célèbre par ses victoires à la guerre et à l'amour. Ces quatre tableaux représentent les hauts faits du duc, les siéges de Barcelone et de Brihuega, les batailles de Lazan et de Villa-Viciosa.

— Passons outre, dit Greuze; je n'aime ni la poudre, ni le bruit, ni le sang.

Greuze, plus sensible que tout autre à la magie de la peinture, détourna le nez et les yeux tout en se bouchant les oreilles.

— Si vous voulez prier le bon Dieu, allons à la chapelle, dit Florian : c'est une chapelle un peu profane ; il y a des statues de toutes les divinités. Allons plutôt à la fontaine de Diane. Voyez comme la façade sur le jardin est embellie par tous ces bustes de marbre blanc ; mais voyez surtout ce jardin, c'est à la fois le chef-d'œuvre de l'art et de la nature. Le jardin de Versailles aurait le défaut d'entrer dans celui d'Anet ; en outre, la rivière d'Eure vient nous baigner à loisir. C'est un vrai jardin chinois : nous avons des chutes d'eau, des prairies, des chaumières, que sais-je ? une île délicieuse, l'île d'Amour, où le duc de Vendôme enfermait ses maîtresses rebelles. Mais arrivons à la fontaine.

Tout le portique est d'architecture rustique ; Diane, en marbre blanc, est nonchalamment couchée sur un piédestal que vient baigner une magnifique gerbe. — Nous reviendrons souvent à cette fontaine, dit Greuze.

Ils allèrent de là dans la chapelle des tombeaux. Du premier regard, Greuze vit la pâle lumière d'une lampe d'argent qui jusque-là avait toujours brûlé. Dans le chœur, sous cette lampe, il vit quatre sphinx de marbre blanc soutenant un sarcophage, où Diane de Poitiers est représentée à genoux, les mains jointes, devant un prie-Dieu. Sur ce prie-Dieu un livre était ouvert ; savez-vous quel livre, quel livre profane dans ce sanctuaire? C'était Brantôme. — Vous pouvez lire sans crainte dit Florian à Greuze. Le peintre lut à haute voix ce passage de l'historien des *Dames galantes* : « Je la vis six mois avant sa mort, si belle encore, que je ne sache cœur de rocher qui ne s'en fût ému. C'est dommage que la terre couvre un si beau corps. Elle était fort débonnaire, charitable et aumônière. Il faut que le peuple de France prie Dieu qu'il ne vienne jamais favorite de roi plus mauvaise que celle-là, ni plus malfaisante. »

— Eh bien! poursuivit Greuze, voilà une oraison funèbre d'un nouveau genre. Une pareille oraison venant de la bouche de Brantôme, qui n'était pas un courtisan, vaut bien une oraison de Bourdaloue, dont c'était le métier.

— Ce livre, dit Florian, a été ouvert ici par le duc de Vendôme, à l'avénement de madame de Pompadour; ainsi, c'était plutôt une satire qu'une oraison.

Nos deux poëtes allèrent déjeuner en se racontant ce qu'ils savaient de l'histoire de Diane de Poitiers.

Durant quelques jours, Greuze, de plus en plus ravi par ce séjour, ne trouva pas une heure pour peindre. — Ah! disait-il au poëte, que vous êtes heureux de peindre un tableau en vous promenant.

Un soir qu'ils venaient tous deux de s'arrêter dans un des bosquets de la fontaine de

Diane : — Reposons-nous là, dit Greuze ; je viens de retrouver, par hasard, un des plus charmants souvenirs de ma jeunesse ; c'est un coup qui m'a frappé au cœur, me voilà tout chancelant. Ah! la jeunesse, l'amour, les romans de la vie!

Greuze venait de s'asseoir sur un banc de gazon. — « Je puis bien vous confier cela, monsieur le chevalier ; tout capitaine de dragons que vous êtes, vous vous entendez un peu aux saintes amours, car on n'est pas en vain un tendre poëte. J'avais vingt ans, j'étais dans toute la floraison de ma vie ; je m'épanouissais au soleil, je peignais avec délices des saintes et des profanes ; et puis, j'aimais à la folie. Hélas! qui aimais-je ainsi? La femme de mon maître. C'était une belle créature qu'il avait épousée près de la fontaine de Vaucluse, dans le pays de l'amour et de la beauté. La première fois que je la vis venir dans l'atelier, le pinceau me tomba des mains ; la seconde fois, mon cœur bondit violemment ; enfin, cet amour fatal me surprit tout d'un coup. Je n'étais guère alors qu'un peintre d'enseignes; par elle, la grâce et l'harmonie me furent révélées comme par enchantement. Quelques semaines se passèrent sans que mon cœur osât parler même dans mes regards : sans une pantoufle violette, peut-être n'aurais-je jamais rien dit. Or donc, un matin je peignais un petit Savoyard pour le triste musée du marquis de Hautbois, lorsqu'elle vint à l'atelier : elle était dans le plus simple et le plus aimable déshabillé blanc que j'aie jamais vu; sa magnifique chevelure d'ébène s'échappait du peigne en touffes rebelles ; son corsage, à peine dessiné, n'en était que plus attrayant. Elle traînait d'un pied paresseux de jolies pantoufles violettes trois fois trop grandes. Tout en peignant mon Savoyard, je la regardais du coin de l'œil, mais de toute mon âme. Elle vint se pencher au-dessus de moi :

« — Le joli Savoyard! dit-elle, après avoir jeté un coup d'œil distrait.

« J'étais dans le feu, mais non pas dans le feu des damnés. Son épaule touchait mon épaule, son souffle agitait mes cheveux. J'allais perdre la tête, quand la voix de mon maître se fit entendre. Éléonore s'envola comme un oiseau, mais sa pantoufle resta en chemin. Je me jetai comme un fou sur cette pantoufle qui était un scapulaire d'amour, je la baisai avec l'ardeur d'une lèvre agitée ; j'étais si aveuglé par la passion, que je ne vis pas venir à moi la petite Jeannette, cette même Jeannette qui est à cette heure la femme de Grétry. L'enfant, surprise de me voir baiser avec tant de feu la pantoufle de sa mère, s'enfuit à toutes jambes pour aller conter cela à son père ; ainsi elle apprit mon amour à Éléonore.

« — C'est un enfant, dit-elle tout effrayée.

« — Il n'y a plus d'enfant, dit Gromdon en souriant pour cacher sa jalousie.

« Le déjeuner fut silencieux. Dans l'après-midi, la petite Jeannette, sur la prière de sa mère, vint me demander la pantoufle violette.

Je répondis que je n'avais pas vu de pantoufle. Le lendemain, craignant une *visite domiciliaire*, je pris la pantoufle en allant porter mon petit Savoyard à la galerie du marquis de Hautbois. J'allai au fond du jardin où j'avais le privilége de rêver tout à mon aise; je cachai ma chère pantoufle dans le feuillage d'un bosquet touffu (celui où nous sommes me l'a rappelé tout à l'heure).

« Pendant plus d'un mois, je retournai tous les soirs dans le bosquet ; le marquis était aux eaux de Spa; je n'étais distrait, dans mes promenades amoureuses et solitaires, que par un vieux bonhomme de jardinier qui voulait me prouver un peu trop souvent que les roses qu'il cultivait valaient bien celles que je peignais. Bienheureux temps! les jours passaient comme des heures, les heures passaient comme des songes d'or! Bienheureux amour! mon cœur ne recherchait qu'un peu de silence, un peu d'ombre, une pantoufle violette ! Qu'en dites-vous, mon cher poëte des bergères ? Némorin est un petit Fronsac auprès du Greuze d'autrefois. Cependant la pantoufle perdue inquiétait Eléonore; une fois, à l'atelier, pendant que Gromdon reconduisait un visiteur à la porte, elle me dit d'un ton presque sévère :

« — Mais ma pantoufle, Greuze, où est-elle donc ?

« — Dans le jardin du marquis, dis-je en tremblant : venez la chercher là.

« —Vous êtes fou, Greuze.

« Et comme Gromdon fermait la porte, elle chanta d'une voix adorable : *Entendez-vous la cornemuse ?*

« Quelques jours après, Gromdon partit pour le Puy, où il devait restaurer une *sainte Marie Madeleine.* Il songea à m'emmener avec lui, mais le voyage coûtait quelque douzaine d'écus, — Plus que tu ne vaux, m'avait-il dit. Le jalousie lui coûtait un peu moins, tout compte fait. Il partit donc seul; moi, je me promenai de plus belle dans mon paradis terrestre. Ève manquait toujours ; mais j'avais déjà sa pantoufle.

« Éléonore descendait de notre première mère en ligne droite ; elle était curieuse comme toutes les femmes : elle vint aussi à son tour vers l'arbre défendu.

« Un soir, un beau soir comme aujourd'hui, à peine un nuage par-ci par-là, un doux soleil couchant, des oiseaux qui chantaient, des abeilles qui s'enivraient dans le calice des muguets : je soupirais de joie et d'amour dans mon cher bosquet, quand j'entendis tout à coup la voix perçante de la petite Jeannette. Je regardai par un œil du feuillage, je vis dans l'allée des grenadiers madame Gromdon et sa fille ; la fille bondissant comme un faon, la mère triste et pensive comme une femme qui se recueille dans son cœur. Ah ! qu'elle était belle, dans cette lumière pâlie du soir ! Que de grâce dans sa nonchalance ! Que de douceur angélique dans sa figure rêveuse !

« Elle venait de mon côté, mais comme une femme qui ne sait où elle va. Le jardinier, en passant près d'elle, lui dit que j'étais dans le bosquet, croyant sans doute qu'elle me cherchait. Elle avança toujours sans trop lui répondre. Le bonhomme s'était arrêté avec Jeannette ; il lui cueillit quelques grenades d'un air paternel; Jeannette, ravie d'avoir des pommes rouges entr'ouvertes, laissa aller sa mère et suivit le vieux jardinier. Moi, j'étais toujours caché dans le bosquet comme le serpent; chaque pas d'Éléonore me frappait au cœur. Elle venait sans détours, elle allait arriver; je saisis la pantoufle et la baisai avec une nouvelle ardeur. Il y avait peut-être un peu de charlatanisme dans ce mouvement, car Éléonore pouvait déjà me voir: l'amour le plus noble n'est-il pas toujours un peu charlatan ? Madame Gromdon me surprit les lèvres sur sa pantoufle; elle voulut rire et se moquer, mais, touchée au cœur de ce culte silencieux et romanesque, elle sourit tristement.

« — Madame, dis-je en me jetant à ses pieds, voilà votre pantoufle.

« Elle soupira.

« —Allons, mon pauvre enfant, murmura-t-elle, relevez-vous et n'en parlons plus.

« Et, tout en parlant ainsi, elle ne put s'empêcher de glisser ses jolis doigts dans les blondes touffes de ma chevelure : j'avais à vingt ans la plus belle chevelure du monde. Je me relevai tout en lui baisant la main ; elle sentit des larmes brûlantes y tomber avec le baiser ; vous le dirai-je? entraînée par mon amour, elle pencha sa belle tête sur mon épaule :

« — Greuze, dit-elle d'une voix étouffée, ne m'aimez plus, de grâce, car tout serait perdu. Je ne vous aime pas ; non, non, je ne vous aime pas : le cœur est rebelle.

« Hélas ! oui, madame, le cœur est rebelle, je n'y puis rien. Mais pourquoi chercher à éteindre mon amour? C'est mon seul bien ; cela ne fait de mal à personne, pas même à vous, madame.

« Éléonore secoua la tête en soupirant. Nous gardâmes le silence durant quelques secondes. Nous écoutâmes le vent dans le feuillage, le bourdonnement de l'abeille, la note attendrie de la verdière, mais surtout les battements de notre cœur. Je suis vieux, mais je donnerais bien des jours encore pour des secondes de ce moment béni du ciel. Éléonore était toute palpitante; je la dominais par mon amour, mais j'osais à peine toucher ses cheveux de mes lèvres égarées. Elle releva enfin la tête, elle me regarda avec une douceur ineffable; elle voulut me parler, mais ma bouche étouffa sa parole. C'était trop et trop peu ; ce fut tout.

« Elle voulut se détacher de mes bras, je la retins.

« — Pourquoi ne pas vous aimer ? lui dis-je avec passion.

« A cet instant sa fille, qui venait à nous, jeta son petit cri perçant. Sa mère se tourna vers elle.

« — Pourquoi ne pas m'aimer ? dit-elle, pourquoi ? Voilà une réponse que Dieu m'envoie.

« Et elle indiqua Jeannette du doigt.

« Elle sortit du bosquet pour aller vers sa fille. A peine dehors, le soleil, qui allait disparaître dans les nuages de l'horizon, lui jeta sur le front un rayon magique dont je fus ébloui, une sainte auréole qui me rappela soudainement les vierges de Raphaël. Le ciel était venu à notre secours ; l'amour maternel triomphait. Jusque-là j'avais aimé avec des espérances coupables, j'avais senti que la bouche cherche encore sur la terre quand l'âme est déjà dans le ciel ; mais, depuis ce charmant tableau, ma bouche se ferma sans murmurer, mon âme s'éleva jusqu'à l'adoration. Éléonore ne fut plus une femme pour moi, ce fut l'image céleste que Dieu laisse entrevoir au poëte, le divin modèle que le grand peintre d'en haut montre quelquefois au pauvre peintre d'ici-bas.

« J'ai souvent tenté de reproduire ce tableau, ce tableau qui est encore tout animé dans mon âme, mais j'ai toujours échoué, ma main tremblait, mon cœur troublait ma vue, je ne faisais rien qui vaille. Il n'y a qu'un poëte qui parvienne à saisir dans son œuvre toute la poésie de cette scène. »

Florian s'inclina.

— Votre histoire m'a touchée; c'est une belle et noble histoire.

— Je vous l'abandonne, dit Greuze.

— C'est un legs précieux qui restera dans mon cœur en attendant mieux. Mais, pour vous payer en petite monnaie, voilà tout à propos Agnès qui vient à la fontaine : ce serait une mauvaise idylle pour moi ; pourquoi ne serait-ce pas un tableau pour vous? Voyons, Greuze, à l'œuvre! Agnès est jolie, le paysage est doux, la fontaine...

— Mais votre Agnès ne va pas à la fontaine, dit Greuze.

— Où diable va-t-elle ainsi? se demanda Florian; la voilà qui laisse sa cruche sur la pelouse et qui prend le sentier du parc. Il y a quelque amourette là-dessous, je le devine. M. de Penthièvre a appelé au château un jeune sculpteur sur bois qui sera de vos amis, mais qui en attendant est fort tendre pour

Agnès. Il est quatre heures; à ce moment il a coutume de se promener dans le parc; Agnès veut passer par là. Que Dieu la conduise.

— D'où vient donc cette gentille Agnès?

— C'est la fille du jardinier d'Anet.

— Sur ma foi, c'est la plus fraîche rose du jardin.

— L'an dernier, M. le duc s'est avisé de lui dire qu'elle était jolie; cette bonne grâce d'un grand seigneur austère a tourné la tête à cette petite fille. Si son père n'y veille pas d'un peu près, elle ira un peu trop loin.

— Le chemin n'est pas rude pour les jolies filles, mais il est glissant.

— La voyez-vous là-bas qui revient toute pensive et toute surprise?

— Oui. Le diable de sculpteur a pris certainement quelque doux baiser pour son dessert.

— Il n'y a rien à dire, ils sont jeunes tous les deux; l'amour à dix-sept ans, c'est une bénédiction du ciel.

— Elle a repris sa cruche, elle vient avec une aimable indolence. Que ne puis-je la peindre ainsi !

— Il manquerait quelque chose au tableau.

— Quoi donc, s'il vous plaît ?

— Le baiser pris dans le parc.

— La peinture a aussi ses ressources : je puis sans peine indiquer le baiser ; je n'ai qu'à peindre à la main d'Agnès une cruche cassée.

— Par là vous en direz trop ; mais c'est une idée ingénieuse. A l'œuvre donc ; votre tableau sera *la Cruche cassée*.

— Et pendant que je peindrai ce tableau, vous écrirez l'histoire que je vous ai racontée ; cette histoire aura pour titre *la Pantoufle violette*. Mais qu'ai-je dit ! ceci n'est pas une histoire, c'est une confession. Gardez-vous bien de la profaner dans un livre.

Vous savez tous que Greuze fit *la Cruche cassée ;* vous avez tous vu cette charmante figure qui unit le sourire de la candeur au regard de la volupté. Florian ne fit pas une nouvelle à sa façon de *la Pantoufle violette :* il disait souvent qu'aussitôt Greuze mort, il aurait une belle histoire à raconter; mais Florian mourut le premier.

IV.

Pour son malheur, Greuze se maria; un mariage bourgeois qui semblait promettre des jours paisibles, des joies sereines, enfin le petit bonheur du coin du feu. Ce petit bonheur dura bien six semaines; madame Greuze n'était pas si bourgeoise qu'elle en avait l'air : elle aimait fort la comédie, le menuet et le petit souper. Elle commença par ruiner

Greuze; elle avait des caprices de grande dame; elle jetait l'argent par la fenêtre pour se donner les airs d'une petite marquise. Enfin Greuze devint tout simplement le jouet de cette femme. Il tenta de la ramener dans le bon chemin; il fit pour cela deux dessins ingénieux, qu'il appela *les Barques du bonheur et du malheur*. Voici l'allégorie : Dans la première barque, qui glisse légèrement au gré d'une brise amoureuse, sur un lac pur et calme, on voit deux futurs époux, allègres et souriants; ils rament tour à tour, pour atteindre une île semée de roses et de myrtes, où on entrevoit le temple du bonheur. Au milieu de la barque, deux enfants passent sous les yeux ravis des époux, que ce spectacle repose. Pour atteindre l'île fortunée, il faut éviter un précipice (vous devinez lequel?). La traversée est périlleuse; mais, grâce à l'accord des deux rameurs, le danger est bientôt vaincu. Une fois hors de péril, l'Amour apparaît au-dessus de la proue, anime les époux et sourit à leur bonheur. Dans la seconde barque, c'est une autre histoire ; n'y cherchez pas l'image du bonheur, car le bonheur est bien loin de là. Au lieu d'un ciel pur et d'un lac paisible, c'est une tempête sur la mer ; c'est le même lac et le même ciel pourtant. Le vent siffle, les flots sont soulevés, l'éclair brille, et la foudre éclate sur le temple du bonheur, dont on ne voit plus que les ruines. Les vagues en furie poussent la malheureuse barque vers le précipice; le pauvre époux seul s'épuise en vains efforts pour éviter l'abîme ; ses mains affaiblies soulèvent à peine les rames; le gouvernail est brisé; il n'y a plus de salut pour lui. L'épouse est assise nonchalamment sur un banc opposé; elle penche la tête et sourit à quelque souvenir coupable qui lui cache le danger, ou plutôt qui la console du danger. Sous ses yeux, ses deux enfants en guenilles se disputent un morceau de pain noir : elle ne les voit pas; son cœur est ailleurs, ou plutôt elle n'a pas de cœur. L'amour, dont le flambeau est éteint, s'envole tristement loin de cette barque qui va s'engloutir.

Madame Greuze ne fut pas édifiée par ces deux dessins. — Tu es bien innocent dans ton allégorie, dit-elle au peintre ; ton temple du bonheur est mal placé : s'il se trouvait au beau milieu d'une fête de madame Dubarry, à la bonne heure; mais là, dans cette île déserte, ce n'est qu'un château en Espagne. Qu'entends-tu par le précipice?

— J'entends que tu ne t'aviseras pas d'y jeter mon honneur.

Madame Greuze éclata de rire: — En vérité, tu es un homme de l'âge d'or ! Au reste, monsieur, soyez paisible, ramez sans inquiétude, le gouvernail n'ira pas de travers.

Diderot, un franc ami de Greuze, était par contre-coup trop ami de madame Greuze. Je ne veux pas dire par là qu'il ait poussé l'amitié trop loin; d'autres l'ont écrit pourtant. Écoutez Diderot lui-même, qui dit sans façon quelque part : « Greuze est amoureux de sa femme, il a raison ; je l'ai bien aimée, moi qui vous parle, quand j'étais jeune et qu'elle s'appelait mademoiselle Babut, dans sa petite boutique de librairie du quai des Augustins; poupine, blanche et droite comme le lis, vermeille comme la rose. J'entrais avec cet air vif, ardent et fou, que j'avais alors : « Mademoiselle, les *Contes* de La Fontaine ; un Pétrone, s'il vous plaît.—Monsieur, les voilà. Est-ce tout ce qu'il vous faut ? » (Je passe quatre lignes de Diderot, qu'il aurait bien dû passer lui-même.) Quand je retournais sur le quai, elle souriait, et moi aussi. Quel joli sourire ! Greuze est donc amoureux de sa femme ; en la peignant tous les ans, il a l'air de dire non-seulement : Voyez comme elle est belle ; mais encore : Voyez ses appas. —Je les vois, monsieur Greuze. » Quand il écrivait ceci, Diderot était brouillé avec Greuze. Aussi il disait M. Greuze ou feu mon ami Greuze. Dans tout cela, cherchez à vous convaincre si vous voulez.

Le pauvre Greuze ne fut pas aveugle, hélas! il lut Molière pour se consoler; il finit par prendre son parti en brave : il se vengea à tort et à travers des erreurs de sa femme; il devint un homme à bonnes fortunes. Il alla dans le beau monde avec tout l'attirail d'un petit-maître; les plus fines dentelles vinrent orner sa jabotière et ses manchettes; des pierreries précieuses brillèrent à ses doigts. Il porta cavalièrement une épée magnifique; il fut galant *outre mesure*, disait Grimm; il eut de l'esprit à tout propos. Il fut bientôt recherché partout; c'était à qui verrait cette figure à la fois noble et naïve, où se combattaient l'esprit et le sentiment. La duchesse de Bourbon l'appela à ses fêtes : « Je n'ose pas vous protéger, lui dit-elle; vous êtes un duc à votre façon, venez donc ici comme un duc. » Greuze n'oubliait pas pour cela d'aller étudier les passions du peuple. Parfois, au lieu d'aller faire le joli homme dans quelque hôtel célèbre où on disait M. *de* Greuze, il courait les petits théâtres, les boulevarts et les guinguettes; il poussait de temps en temps son pèlerinage d'artiste jusque dans les campagnes, avec Lemière ou tout autre. Lemière se gardait bien de voir autre chose que ses scènes de tragédie ou ses tableaux de poëme; pendant qu'il cherchait la rime, Greuze trouvait le sentiment. Greuze allait partout, jusque dans l'étable, quand la paysanne pressait le pis de la vache. Dans ses tableaux villageois, comme tout rappelle bien la chaumière! Il y a du pain sur une planche dans l'*Accordée de village;* ce pain qui vient d'être cuit vous donne tout de suite un appétit champêtre. Dans une partie de campagne, Lemière lui dit un jour : — Je viens de trouver un vers. Quel vers! *Le trident de Neptune est le sceptre du monde.* N'est-ce pas là un vers sublime? C'est le vers du siècle.

—Cela n'est pas trop mal rimé, dit Greuze en souriant; mais ce vers sublime t'a empêché de voir faire l'aumône là-bas sur le seuil de cette maisonnette; cela rime encore mieux à mes yeux.

Greuze avait la nature volage des poëtes ; son cœur s'enflammait à tous les vents, son âme s'envolait à toutes les poésies ; il eut des amours et des amitiés sans nombre, donnant aux uns et aux autres tout ce qu'il pouvait donner. Il fut prodigue toute sa vie des richesses de son cœur. Grétry tenait son cœur à deux mains, Greuze aimait le premier venu, et quelquefois la première venue, se consolant d'une amitié trompeuse dans un amour infidèle. Les jours passaient vite pour un tel homme ; il les voyait passer avec sa précieuse insouciance, s'imaginant que le soleil serait rayonnant le lendemain comme il l'était la veille. Il avait la naïveté charmante des enfants et la vanité des petites filles. C'était souvent un souvenir de La Fontaine. Il marchait droit devant lui, dédaignant les détours. En homme de bonne foi, il parlait de lui-même avec enthousiasme. « N'y trouvons pas à redire, écrivait d'Alembert, car si Greuze s'écrie : Quelle belle chose je vais faire ! soyez sûr que c'est le génie qui parle ;

le génie tient parole. » Diderot disait de sa vanité : « C'est celle d'un enfant, c'est l'ivresse de l'inspiration ; ôtez lui cette naïveté qui lui fait dire de sa *Belle pleureuse* ou de son *Accordée de village* : Voyez-moi cela, c'est cela qui est beau ! vous lui ôterez sa verve, vous éteindrez le feu, le génie s'éclipsera. » La fausse modestie est la pire des vertus dans les arts ; c'est la femme galante qui met un voile pour attirer les regards. Greuze était de bonne foi avec les autres comme avec lui-même ; il défendit toujours les belles choses de ses amis et de ses ennemis : ainsi, quand parut *le Déluge* de Girodet, il y eut toutes sortes de pauvres critiques autour de cette œuvre. — C'est tout au plus, disait un journaliste, le tour de force d'un écolier. — Dites donc d'un maître, s'écria Greuze avec colère. Il fut le premier à prédire le génie de Prudhon. — Celui-ci ira plus loin que moi, disait-il souvent ; il enfourchera ces deux siècles avec des bottes de sept lieues. — Quoiqu'il jouât l'ignorance à merveille, il savait beaucoup : un esprit d'élite fait toujours du chemin ; il peut ignorer ce que tout le monde sait mal, comme le grec ; mais soyez sûr que cet esprit a gagné en bonne philosophie humaine ce qu'il a perdu en mauvaise science, en langue vivante, ce qu'il a perdu en langue morte. Greuze, qui rappelait La Fontaine par certains côtés, comme je viens de le dire, a imaginé presque toutes les fables qu'a mises en vers le duc de Nivernais ; il a même écrit un roman philosophique : ce roman est demeuré en manuscrit ; il a pour titre *Bazile et Thibaud*. On a dit dans le monde, après lecture faite par Greuze, que c'était le dernier chapitre de l'*Émile ;* mais ce n'est là qu'un jugement du monde. Avec les hommes, Greuze était un peu silencieux, soit qu'il dédaignât les paradoxes, soit qu'il fût mal armé pour la réplique ; mais, avec les femmes, il parlait beaucoup, enjolivant son babil de toutes les fleurs de la galanterie et de la louange. Le madrigal avait dans sa bouche une grâce nouvelle, une originalité piquante. La duchesse de Bourbon écrivait : « Une femme est un être sacré pour Greuze ; sa galanterie délicate et poétique nous rappelle le beau siècle de François Ier. Par malheur, il est un peu trop amateur de la beauté, il la recherche partout, du haut en bas. Il a dû se rencontrer quelquefois avec Duclos ; mais c'est la faute de nos belles dames, qui ne posent guère que pour la figure. »

Quoique mal marié, Greuze criait contre les célibataires : Ce sont, disait-il, des braconniers sur le mariage. Il avait à se plaindre d'eux, sans doute. Cependant sa fille le consolait de sa femme, quand il avait le temps de chercher des consolations. Ce qui semble étrange, c'est que Greuze, le plus volage des amoureux, en revenait toujours à aimer sa femme. — Voyons, profane, disait-il en lui pressant la main, tu as eu le diable au corps, mais mon amour t'a exorcisée. Le diable s'éloignait pendant huit jours, mais il revenait de plus belle. L'impératrice de Russie appelant Greuze à sa cour, il aurait pu se délivrer de sa femme, il aurait pu éviter la misère qui s'approchait déjà ; mais il prit en pitié l'indigne épouse, il voulut la protéger jusqu'à la fin, malgré ses égarements.

Par sa bonne foi, par sa noble fierté, Greuze perdit bien des faveurs. En 1765 non-seulement son pays n'avait rien fait pour lui, mais l'Académie de peinture n'avait pas encore songé qu'il existât. Au salon de 1765, il exposa *la Jeune fille pleurant son oiseau*, et *la Petite fille qui tient un capucin de bois*. Vernet se promenait dans la galerie avec le marquis de Marigny, qui était un critique redouté, quoique marquis. Les deux promeneurs trouvèrent un homme en admiration devant *la Belle pleureuse* de Greuze; cet homme, devenez qui? c'était Greuze lui-même. Jusque-là le marquis avait beaucoup critiqué et dédaigné; ce tableau le surprit : —Cela est beau, dit-il avec entraînement.

Greuze se retourna : —Je le sais bien, monsieur le marquis; mais, avec tout cela, je n'en suis pas plus riche.

— Mon ami Greuze, lui dit Vernet, c'est que vous avez une nuée d'ennemis, et parmi ces ennemis, il en est un qui paraît vous aimer à la folie, et qui vous perdra.

— Qui donc?

— C'est vous. Oui, mon ami, vous avez des torts impardonnables envers votre fortune : vous vous imaginez qu'il ne s'agit que d'avoir du génie, une âme fière et sensible pour faire fortune, tandis qu'il faut des jarrets souples pour se faire pardonner son génie; avec ces jarrets-là, vous auriez un logement au Louvre comme les princes de la peinture, des pensions à divers titres, et peut-être le cordon de Saint-Michel. Croyez-moi, cessez d'être un grand peintre, et vite l'Académie chantera vos louanges.

— Que voulez-vous? dit Greuze en tendant la main à Vernet; il m'est si naturel d'avoir du génie, et si difficile de ployer le jarret! Je suis un homme d'autrefois, je ne m'incline que devant les femmes.

—Alors priez donc les femmes de faire votre fortune.

Diderot survint; avant de saluer les deux peintres et le marquis, il salua le tableau de Greuze.— La jolie élégie! le charmant poëme! La belle idylle que Gessner ferait ici! Je vous salue, jeune fille pleine de grâce... Et se tournant : Je vous salue, messieurs; de quoi est-il question?

— Greuze se plaint de la fortune, dit Vernet.

— Greuze, reprit Diderot, ne sera jamais qu'un gueux comme moi (il y a gueux et gueux); mais qu'importe! ses tableaux ne font-ils pas fortune?

Quatre ans après, Greuze fut admis à l'Académie : il voulut siéger parmi les peintres d'histoire; il fit dans ce dessein un grand tableau assez mauvais, *l'Empereur Sévère reprochant à son fils Caracalla d'avoir voulu l'assassiner*. Greuze manquait de style et de grandeur pour un tel sujet : il échoua ou à peu près. Greuze, piqué, se retira de l'Académie ; il fit contre elle des épigrammes à la façon de celles de Piron contre l'autre Académie, moins la rime. Il ne voulut plus exposer au Louvre, il fit *salon* chez lui : « Il n'y a que des enluminures à leur exposition, c'est dans mon atelier qu'on trouve des tableaux. » En France, on n'est jamais du parti de l'Académie ; on s'amusa des quolibets de Greuze, tout le monde vint à lui. Princes, gens de lettres, grandes dames, c'était à qui le vengerait de l'Académie. Enfin, en dépit de l'Académie, il fut nommé peintre du roi.

L'Académie avait raison cependant ; Greuze n'était pas un peintre d'histoire. Il n'entendait rien aux Grecs ni aux Romains ; il ne comprenait ni les rois, ni les héros ; il n'avait ni le grand style, ni le coloris solide, ni les accessoires magnifiques ; mais il savait trouver merveilleusement la physionomie des passions bourgeoises, le sentiment et la fraîcheur de la famille. Le drame de Diderot et l'idylle de Gessner, voilà son domaine : c'est là qu'il est tout à son aise un peintre de génie. Son *Accordée de village* est à part : c'est plus qu'un drame et une idylle, c'est une page de la Bible ; il y a dans cette scène une gravité religieuse qui rappelle les premiers âges du monde.

La *Sainte Marie égyptienne* est l'œuvre la plus sévère de Greuze; c'est plus qu'un tableau, c'est sainte Marie elle-même dans la splendeur corporelle, dans la beauté divine et humaine qui a fait imaginer les anges, dirait Voltaire. La pénitente, réfugiée dans la solitude agreste d'un rocher, est vêtue de sa longue chevelure, mais surtout de sa pudeur et de son repentir. Greuze n'a pu s'empêcher de répandre sur la bouche et dans les yeux une teinte de volupté qui est le souvenir du monde et de ses passions. C'est une figure magique ; on y revient sans cesse, comme à une amante qui pleure, comme à une amante qu'on a perdue à jamais. Le peintre avait pris deux modèles pour cette figure : Éléonore et Létitia ; voilà d'où vient le charme divinement amoureux de ce chef-d'œuvre. Greuze disait lui-même : *J'avais trempé mon pinceau dans mon cœur.* Comme contraste, à ce tableau, on peut prendre *le Père dénaturé.* « Cela est d'une effrayante beauté, » disait Diderot. Quand la duchesse de Bourbon vit ce tableau, elle tomba presque évanouie dans les bras de M. d'Argental.

Je ne puis faire ici la description de toutes les œuvres de Greuze. En comptant les tableaux et les dessins, on arriverait bien à mille. Ses œuvres sont dispersés dans tous les pays, rien n'est plus commun. Dans toutes les toiles de Greuze il faut reconnaître et admirer la magie de la couleur, qui ne pèche guère çà et là que par trop de blanc et de rose, l'agencement pittoresque des figures, mais surtout le sentiment qui domine tout. Le peintre a presque toujours *trempé son pinceau dans son cœur.* Il faut en même temps condamner la négligence du dessin, ces méplats un peu uniformes qui donnent à quelques toiles l'air d'ébauches de sculpture, l'affectation théâtrale de quelques scènes, la pauvreté des draperies. Mais, après tout, sans être un grand peintre, Greuze est mieux placé dans l'esprit du monde que beaucoup de grands peintres; la raison, c'est qu'il a été un peintre original. L'originalité doit être la pierre de touche de tous les francs artistes. Que de peintres qui étudient Raphaël toute leur vie sans trouver l'âme de la peinture, cette âme que Greuze avait trouvée un beau matin en adorant Éléonore!

Au milieu du XVIIIe siècle, la peinture française, comme la poésie, s'abandonnait follement à tout le charme et à toutes les extravagances de la fantaisie, pour se délasser un peu de ses grands airs sévères; elle se faisait jolie, coquette, agaçante; c'était une petite marquise se déguisant en bergère pour danser à la cour. Watteau, Lancret, Boucher, Fragonard, Baudoin, jouaient un peu trop avec elle; ils effaçaient avec un peu de rouge et quelques mouches sa grandeur et sa dignité. Je suis loin de nier le charme capricieux, la grâce un peu mondaine et un peu débraillée, l'esprit trop petit-maître de leurs folâtreries et de leurs mascarades. Mais tous ces jolis dévergondages de l'art duraient depuis trop longtemps. Enfin Greuze survint, dirait Boileau : Greuze balaya du bout de son pinceau tout ce clinquant vieilli qui déshonorait la peinture ; il lui rendit une parure plus digne et plus noble, la parure des larmes. Girodet, Prudhon, Géricault, sont allés plus haut chercher le sentiment ; mais Greuze les a mis sur le chemin, Greuze a été un petit anneau de cette chaîne d'or qui unit Lesueur à Géricault.

Greuze, Wilkie et Léopold Robert, ont à peu près représenté tout un domaine de la peinture. Dans ce domaine, Wilkie peint la nature telle qu'elle est, sans souci de la scène ni du sentiment ; c'est un peintre pur et simple, un copiste, mais un merveilleux copiste, qui a tous les secrets du créateur.

Greuze, un peu gâté par Diderot, ne peut s'empêcher de faire du drame et de la philosophie, parfois même du mélodrame : il voit bien la nature ; mais, n'y trouvant pas tout à son gré, il la cultive, il cherche l'agencement et la mise en scène ; aussi les personnages de Greuze sont des acteurs ; ils ont beau prendre des airs naturels, ils posent toujours un peu ; chaque scène de ce peintre pourrait être transportée au théâtre. Léopold Robert a vu sous un plus beau ciel la nature en poëte : au lieu de peindre en prose, il a peint en vers, comme il l'a dit lui-même.

V.

Le croirez-vous? Ce peintre charmant qui vit s'asseoir sur un escabeau de son atelier le grand-duc de Russie et la grande-duchesse, le roi de France Louis XVI, le général Bonaparte, un roi de Suède, un empereur d'Allemagne, je ne sais combien de seigneurs de tous les pays; Greuze qui, le dernier, a gardé sur son pinceau le sourire perdu de son siècle, ce peintre tout français, dont les œuvres feraient aujourd'hui encore la fortune de dix peintres, il est mort pauvre et seul, au beau temps des gloires de la France. David, qui l'avait fait oublier, l'avait oublié lui-même. Après 1789, le xviiie siècle n'avait plus rien à dire ni rien à faire ; la France venait de se réveiller dans un nouveau monde; il s'agissait bien de cruche cassée ou d'accordée de village ; on ne se mariait plus, on ne cassait plus de cruches à la fontaine. Les trois grandes images alors, c'étaient la guerre, la tribune, la guillotine. « Cela n'est plus de mon domaine, » disait Greuze avec effroi. Le pauvre peintre aurait dû prendre son parti, mourir de dépit ou de peur comme son ami Florian ; mais Greuze avait une fille : elle semblait ne vivre que pour lui, il voulut vivre pour elle. Il traversa donc avec résignation tous les drames bruyants de la Révolution, se reposant du bruit dans le travail, et se moquant bien un peu des gloires de la tribune. « Le citoyen Homère et le citoyen Raphaël, disait-il, vivront bien aussi longtemps que les citoyens célèbres dont je ne sais pas le nom. » Et tout en parlant ainsi, il dessinait avec amour quelque figure du poëte : *Homère sauvé par le Temps des ruines du monde.*

Il habitait, grâce à je ne sais qui, mais non pas grâce à lui-même, un coin du Louvre ; ce voisinage des Tuileries lui faisait dire tous les matins : « Ma fille, qui est-ce qui est donc roi aujourd'hui ? » Il conservait toujours sa gaieté mélancolique ; la tristesse lui venait seulement à l'idée de laisser sa fille sans fortune et sans protection. Sentant la mort s'approcher, il ressaisit son pinceau, il eut un dernier éclair de génie. « Non, non, disait-il, je ne veux pas mourir sans laisser quelque chose à ma pauvre Caroline. » Il passa ses derniers jours à faire son portrait et le portrait de sa fille. Son portrait fut le meilleur du salon de 1805. On s'étonna de la vigueur d'un peintre de quatre-vingts ans ; cela est franc et vrai comme une tête de

Rembrandt; en même temps il s'y trouve le sentiment qui anime toutes les têtes de Greuze. Or, savez-vous ce que fit Caroline de ce portrait, le seul héritage de son père? « Tu vendras cela cent louis, » avait-il dit. Caroline garda le portrait de son père et vendit le sien. Ce beau trait n'a rien qui surprenne; mais il doit consoler les pères qui n'ont rien que l'honneur à léguer à leurs enfants.

Cependant Greuze gardait le lit depuis quelques jours; c'en était fait de lui, il n'avait plus la force de lutter. Barthélemy seul alla lui dire adieu.

— Eh bien! Greuze?

— Eh bien! mon ami, j'apprends la mort. Si jamais tu t'avises de peindre la mort, figure-toi une mauvaise mère qui endort ses enfants pour se délivrer d'eux. Je commence à ne plus savoir ce que je dis; mais patience, bientôt je ne dirai plus rien du tout.

— Allons, allons, du courage; on ne meurt pas le premier jour du printemps.

— Eh! mon Dieu! depuis les sans-culottides, je n'entends plus rien aux saisons. Sommes-nous en ventôse ou en germinal? est-ce aujourd'hui saint Pissenlit ou sainte Asperge?

— Qu'importe? Voyez comme le soleil est beau.

— J'en suis bien aise pour mon voyage. Adieu, Barthélemy, je t'attends à mon enterrement; tu seras tout seul, va, comme le chien du pauvre. Adieu; va-t-en, car je n'ai plus que le temps de prier le bon Dieu pour ma fille. Il est vrai que j'aurai le temps de le prier là-haut.

Greuze mourut sur le soir, après avoir un peu divagué; pourtant, son dernier mot fut une prière pour sa fille. La pauvre Caroline, après avoir passé la nuit à le veiller encore, alla tout en larmes trouver les amis de son père. « On l'enterre demain, » dit-elle partout : mais le lendemain on ne vit au convoi que Dumon et Barthélemy; Barthélemy, *le chien du pauvre*, comme avait dit le défunt;

ce mot vaut un bon tableau pour Barthélemy. Le lendemain, les autres amis de Greuze avaient bien autre chose à faire : l'un déjeunait chez son voisin, l'autre peignait sa voisine ; celui-ci se reposait, celui-là sollicitait une faveur. Greuze fut vengé de ses lâches amis ; il fut vengé par une femme qui vint, durant la messe, déposer un bouquet d'immortelles sur le modeste cercueil. « Il était bien juste, dit le *Journal de l'Empire*, qu'une femme, au nom de toutes, offrît ce tribut d'admiration sur la tombe de l'artiste célèbre qui leur avait presque toujours consacré son génie. »

La mort de Greuze fut une surprise dans tout Paris ; on le croyait mort depuis longtemps. — Quoi ! Greuze n'était pas mort ? — Il vient de mourir très-pauvre et très-délaissé. — Que ne le disait-il ? murmura l'Empereur, je lui eusse donné le fruit d'une victoire. — Je lui eusse donné le prix d'un de mes tableaux, dit David. C'est toujours ainsi ; quand il n'est plus temps de faire une bonne œuvre, notre cœur s'ouvre à deux battants. Avec toute leur bonne volonté, David et Napoléon oublièrent bientôt que la fille de Greuze était sans ressources. Cette noble fille prit tout à la fois l'aiguille et le pinceau; elle vécut seule sans autre secours, avec l'amitié de madame de Valori. Toute pauvre qu'elle était, elle sacrifia encore à la mémoire de son père. Depuis le 21 mars jusqu'aux premières gelées de l'automne, la tombe du peintre était un gracieux jardin égayé par les roses. « Tant que je vivrai, disait-elle, les roses refleuriront. » Je suis allé à cette tombe que j'ai découverte à grand'-peine : il n'y a plus de rosiers ni de couronnes; c'est la mort sans le souvenir de la vie. Un peu d'herbe amère, un amas de feuilles sèches, l'ombre des cyprès voisins, voilà ce que j'ai vu. — Où êtes-vous, noble fille de Greuze?

LE DUC DE PENTHIÈVRE.

L'histoire a, comme la poésie, des noms qui, pour n'être pas redits bruyamment par la gloire, éveillent toutefois dans les cœurs simples et honnêtes des sympathies que n'y rencontrent pas toujours les renommées plus retentissantes : noms modestes et chastement voilés qu'on ne saurait entourer de trop d'amour et de respect. Tel est, à coup sûr, le nom que nous venons d'écrire en tête de cet article. Il est difficile, en effet, de ne se pas laisser prendre au charme de cette figure qui, sous son attitude à la fois tendre, sévère et mélancolique, contraste d'une manière étrange et imprévue avec la société du dix-huitième siècle, au milieu de laquelle elle nous apparaît. Nous dirons bientôt ce qui nous a conduit à parler du duc de Penthièvre; mais quand même nous n'aurions rien de neuf à révéler sur cette belle vie, encore serait-il bon de revenir parfois aux nobles et pieux exemples, et de ne pas oublier trop longtemps la vertu à l'ombre du génie. Dans le vaste champ du passé, l'admiration et la curiosité s'attachent de préférence aux traces des grands hommes; mais il est doux aussi de respirer le parfum de violette qu'a laissé le long des sentiers moins frayés le passage de quelque homme de bien.

Le duc de Penthièvre fut un homme de bien dans toute l'acception du mot. Notre intention n'est pas d'écrire une biographie qu'assez d'autres ont écrite avant nous. Fortaire, qui fut durant quarante ans et plus valet de chambre du duc de Penthièvre, a laissé, sur la vie de ce prince, un volume rempli de détails oiseux qu'a reproduits l'abbé Carron avec une heureuse sobriété. Plus tard, tout récemment, pour ainsi dire, M. Villenave a publié sur le même sujet quelques pages d'un sentiment exquis. Quant à nous, il nous suffira de rappeler seulement quelques traits qui nous amèneront naturellement à un fait moins connu, dans lequel ce tendre cœur semble se résumer en entier avec toutes ses adorables délicatesses.

Fils du comte de Toulouse et de Marie de Noailles, le duc de Penthièvre fut le dernier des héritiers des fils légitimés de Louis XIV. Ce qui frappe d'abord en lui, c'est une disposition triste et rêveuse qu'il tenait sans doute de Dieu ou de sa mère, car le siècle n'y prêtait pas, et qui grandit et se développa sous les ombrages de Rambouillet. Il avait douze ans à peine quand la mort lui enleva son père; la cruelle, l'impitoyable mort qu'il devait voir, durant sa vie entière, abattre autour de lui les êtres qu'il aimait; son âme, déjà mélancolique et sombre, ne se releva jamais de ce terrible coup. Il n'était pas d'ailleurs de ces rêveurs oisifs qui nous ont fatigués plus tard de leurs lamentations poétiques. Brigadier des armées à dix-sept ans, à dix-huit ans il se battit comme un lion à la journée de Dettingen, et fut fait maréchal de camp. A la bataille de Fontenoy, il enfonça la fameuse colonne ennemie à la tête du régiment de Fitz-James cavalerie. En 1747, il obligea la flotte anglaise à se retirer des côtes de Bretagne. Ces qualités guerrières, ces belliqueuses aptitudes qui signalèrent sa jeunesse, rehaussent singulièrement le prix des vertus paisibles qui remplirent le reste de ses jours. Jeune, comblé de toutes les faveurs du rang, de la gloire et de la fortune, le duc de Penthièvre aurait pu se complaire dans les jouissances d'un légitime orgueil; mais c'était vers d'autres joies et vers d'autres félicités que le portait son cœur. En 1744, il avait épousé une princesse de la maison d'Este, fille aînée du duc de Modène. Elle était jeune et belle; tous deux s'aimaient d'un grand amour. Sa mission accomplie, le prince quitta la Bretagne et revint à Rambouillet chercher près de sa mère et de son épouse le seul bonheur dont il fût avide, le bonheur d'aimer et de se sentir aimé. Il ne trouva que le désespoir et les larmes. En moins de quelques années, il eut trois fils et une fille, fleurs à peine écloses, moissonnés au berceau. En 1754, madame de Penthièvre mourut en couches, à l'âge de vingt-sept ans, et l'infortuné prince suivit du même pas le double convoi de son épouse et de son enfant. Dès lors, ce fut fini, dans cette âme naturellement portée à la mélancolie, de toute joie et de tout bonheur. Il voyagea. Mais on a beau fuir les lieux où l'on a souffert, on ne se fuit pas soi-même, et l'on traîne partout le trait fatal à son cœur saignant. La religion seule le consola, et aussi le bien qu'il répandit à profusion autour de lui. Les distractions que le vulgaire cherche ordinairement dans le tourbillon du monde et dans l'étourdissement des plaisirs, il les chercha, lui, dans la piété, dans la bienfaisance et dans la vertu ; nulle piété ne fut plus douce, nulle vertu plus vigilante, nulle main royale n'essuya plus de larmes et ne versa plus de bienfaits. Ses libéralités durent plus d'une fois humilier la couronne, et pourraient encore aujourd'hui servir de leçon aux rois. Plus heureux que Titus, jamais il n'eut à regretter d'avoir perdu une journée. Celui-là fut véritablement le père des pauvres et des affligés. Ainsi, il est de saintes douleurs qui, pareilles aux orages qui fécondent la terre, s'épandent sur ce qui les entoure en bénédictions de tout genre. Cependant la destinée lui réservait de nouvelles épreuves. En 1766, la comtesse de Toulouse rendit le dernier soupir entre les bras de son fils. Deux ans après ce nouveau malheur, le prince de Lamballe mourait à vingt et un ans entre les bras de son père. On sait quels bruits ténébreux coururent sur cette fin prématurée : toujours est-il que, le 1er janvier de l'année suivante, fut déclaré le mariage du duc de Chartres avec mademoiselle de Penthièvre, désormais unique héritière des biens immenses de sa famille. Meurtri par tant de coups et saignant de tant de blessures, certes le duc de Penthièvre put croire alors qu'il avait épuisé la part d'infortunes que le ciel assigne à chacun ici-bas, et cependant il devait, quelques années plus tard, apprendre que des bêtes féroces avaient déchiré le corps de la princesse de Lamballe, et promené au bout d'une pique sa tête ensanglantée.

Il est dans cette vie plus d'un trait de bienfaisance que nous aimerions à citer, si le bien qu'a fait le duc de Penthièvre n'était encore aujourd'hui dans la mémoire de tous. Sa bienfaisance était délicate, ingénieuse, habile à se cacher en des détours charmants. On sait qu'il n'embellit Sceaux que parce que le peuple de Paris en avait fait un but de plaisir et de promenade. Sceaux ne lui plaisait pas. Il aimait Rambouillet, sa résidence de prédilection. C'était là, sous ces beaux ombrages, qu'il avait promené son enfance déjà réfléchie et rêveuse, là qu'il avait goûté ses premières joies, souffert ses premières douleurs et versé ses premières larmes; c'était la patrie de son cœur, le berceau de ses jeunes années, le tombeau des chers et augustes morts qu'il pleurait. Plus d'une fois le roi Louis XVI avait manifesté le désir d'acquérir Rambouillet; mais le duc de Penthièvre avait toujours éludé la fantaisie royale. Enfin, le roi lui ayant dit un jour qu'à la possession de Rambouillet tenait le bonheur de sa vie : « Ah! sire, s'écria le prince, Votre Majesté a prononcé le grand mot; Rambouillet n'est plus à moi. » Quelques mois après on put voir, dans ces campagnes que le duc de Penthièvre venait de céder à la couronne, un spectacle solennel, empreint d'une poésie tout à fait digne d'un autre âge. C'était au mois de novembre; sous un ciel gris et froid, au milieu des champs blanchis par la neige, plusieurs chars funèbres, suivis de voitures de deuil, s'avançaient lentement, transférant du caveau de l'église de Rambouillet à l'ancienne église collégiale de Saint-Étienne de Dreux les dépouilles mortelles de la famille de Penthièvre. Le clergé et les habitants des paroisses marchaient processionnellement et se relevaient aux limites de leurs communes. Le duc suivait religieusement le convoi, à pied et front découvert. Tous les cœurs étaient émus; des populations entières fondaient en pleurs, et lorsqu'à chaque limite il fallait se séparer, c'étaient des adieux déchirants et sur les mains du duc de Penthièvre des baisers de respect mêlé d'amour et de larmes de désespoir. « Mes enfants, disait-il pour les consoler, le roi est un bon maître, il veillera sur vous. — Ah! s'écriaient-ils, nous avons perdu notre père! » Et ils s'en retournaient éclatant en sanglots.

Dans cette scène que nous n'avons fait qu'esquisser, mais que l'imagination des lecteurs achèvera sans peine et sans efforts, n'y a-t-il pas quelque chose d'antique et de religieux, qu'on est surpris de rencontrer en plein dix-huitième siècle? Mais, dans cette époque de mœurs faciles, le duc de Penthièvre apparaît lui-même comme un vivant anachronisme. Sa vertu fut si pure et si belle, qu'on la respecta dans une société qui ne respectait rien, et jamais on n'osa s'en railler dans une cour où l'on raillait sur tout.

Un jour, le roi Louis XV se trouvait près de Sceaux, à un rendez-vous de chasse, au milieu de courtisans jeunes et vieux. On causait, et de choses quelque peu légères, j'imagine, car tout d'un coup, un cavalier ayant paru au détour du chemin, s'avançant au galop de son cheval vers le groupe qui entourait Sa Majesté : « Silence ! messieurs, s'écria sévèrement le roi, voici M. de Penthièvre ! » Et l'on changea sur-le-champ le sujet de la conversation.

En un mot, cette vertu fut telle, qu'après avoir échappé à l'esprit railleur d'une cour corrompue, elle en imposa à la hache révolutionnaire. Le 15 juillet 1789, le prince de Conti alla chercher un refuge à Châteauvillain. « Monsieur, dit-il au duc de Penthièvre, vous voyez un malheureux fugitif qui ne sait où porter ses pas et qui vous demande l'hospitalité. Je suis venu me mettre en sûreté sous l'égide de vos vertus et de l'amour qu'on vous porte. Il n'y a plus que vous qui puissiez être assuré de l'affection des Français; il n'y a plus que votre belle âme qui puisse se permettre quelque calme au milieu de l'agitation universelle. »

Et cela était vrai. La Révolution n'osa pas toucher à un cheveu de cette noble tête; mais elle le frappa cruellement au cœur dans tout ce qui lui restait de cher et de précieux. Après avoir vidé jusqu'à la lie le calice de la douleur, il mourut à Vernon, en priant dans son oratoire, quarante-deux jours après la mort du roi, et trente-six jours avant le décret de la Convention qui ordonna l'arrestation de tous les Bourbons et le séquestre de leurs biens.

On le voit, ceci n'est pas une biographie. Nous renvoyons, pour plus amples détails, aux ouvrages que nous avons déjà cités. Toutefois, il est un fait qu'on y chercherait vainement et dont nous pouvons garantir l'authenticité : c'est une histoire simple, courte et touchante, qui complète et résume, à notre sens, la vie et le cœur que nous venons d'esquisser à peine.

Après la mort de la duchesse de Penthièvre, morte à Rambouillet dans tout l'éclat de la beauté et de la jeunesse, le prince fut pris d'un désespoir sans pareil, de ce désespoir connu seulement de l'époux qui perd une épouse adorée. Il n'est point de plus grande douleur; la douleur maternelle elle-même s'humilie devant celle-là. Ce fut un désespoir morne, silencieux, immobile, sans larmes ni sanglots. Longtemps on craignit pour sa vie ; enfin, à force de prières, la comtesse de Toulouse décida son fils à voyager. Le duc de Penthièvre partit pour l'Italie, terre confidente de tous les affligés. Pour échapper aux importunités, il partit avec un train modeste, sous le nom du comte de Dinan. Le but de son voyage était Rome ; mais un douloureux et irrésistible attrait le poussa vers le duché de Modène, berceau de l'ange envolé. Il fut accueilli au palais ducal avec toute sorte de tendresse ; le duc et la duchesse de Modène savaient bien que si l'amour d'un époux avait pu sauver leur fille, leur fille aurait été sauvée. Arrivé le soir, le duc de Penthièvre, épuisé, moins par la fatigue de la journée que par l'émotion d'une première entrevue, se retira de bonne heure dans ses appartements. Dans ce palais tout rempli de l'objet aimé, le prince dormit à peine d'un sommeil léger et troublé, et l'aube le trouva mélancoliquement accoudé sur l'appui d'un balcon qui donnait de plain-pied sur de vastes jardins plantés d'orangers en fleurs, de myrtes verts et de lauriers roses.

Il sortit au soleil levant et se prit à errer dans les allées. Ces lieux étaient remplis de son amour et de ses regrets : à chaque pas il retrouvait la chère image; ses pieds d'enfant avaient couru sur ce sable fin et doré; elle avait rêvé sous ces bosquets ombreux; ce n'était pas le parfum des fleurs, mais son âme qu'il respirait. Il marchait donc, faisant lever les souvenirs, comme des oiseaux, sous ses pas; il marchait ému, attendri, lorsqu'il s'arrêta soudain, éperdu, tremblant, les bras tendus vers une apparition céleste. C'était elle, c'était la duchesse de Penthièvre, non triste, pâle et flétrie, comme il l'avait vue à son heure suprême, mais jeune, mais belle, mais charmante, telle enfin qu'elle lui était apparue pour la première fois dans toute la splendeur de sa beauté et de sa jeunesse! Le prince jeta un cri: à ce cri, l'ombre effarouchée s'échappa; vainement il essaya de la poursuivre et de l'atteindre; ses pieds ailés n'effleuraient pas la terre, et sa robe blanche disparut bientôt au travers des citronniers et des cytises. Le duc de Penthièvre se laissa tomber sur un banc de gazon et demeura longtemps anéanti. Était-ce une illusion des sens ? un mirage de l'amour ? l'erreur d'une imagination exaltée? Lorsqu'au bout de quelques heures il rentra au palais, il aperçut le gracieux fantôme suspendu au bras de la duchesse de Modène : c'était sa jeune belle-sœur, la princesse Mathilde, qu'il ne connaissait pas et qu'il avait vue, le matin, pour la première fois.

La duchesse de Penthièvre revivait en effet tout entière dans sa jeune sœur. C'étaient les mêmes traits, les mêmes attitudes, le même charme, le même son de voix. Deux roses épanouies sous le même rayon et sur la même tige, deux colombes écloses à la même heure et dans le même nid, ne se ressemblent pas mieux entre elles. C'étaient aussi les mêmes goûts, les mêmes instincts, le même parfum du cœur et de l'âme, à ce point que le duc aurait pu aimer la princesse Mathilde sans être infidèle à la mémoire de la duchesse de Penthièvre. Il arriva ce qui devait arriver : il l'aima.

Il l'aima d'abord à l'insu de lui-même ; longtemps il pensa n'aimer en elle qu'un souvenir. Aussi s'abandonna-t-il sans défiance au charme de ce culte nouveau qu'il croyait être la religion des morts. Il n'était venu que pour quelques jours : il s'oublia des mois entiers à la cour du duc de Modène. De son côté, la princesse Mathilde obéissait aux séductions involontaires qu'exerçait sur elle le prince étranger. M. de Penthièvre était jeune et beau, et, s'il faut en croire le portrait qu'a laissé de lui madame de Créquy, on comprendra sans peine qu'il ait, sans y songer, troublé ce jeune et noble cœur. « M. de « Penthièvre vous oblige en vous regardant, « et lorsqu'il vous a parlé, vous vous sentez « attiré à l'aimer autant qu'à le respecter. « Son âme est d'une trempe si peu commune ! « Toutes les vertus y sont dans un équilibre « parfait, parce que la sagesse les contient « toutes dans les bornes qu'elles ne peuvent

« franchir sans devenir vices ou défauts.
« Généreux sans prodigalité, charitable sans
« imprudence, dévot sans minutie, tendre
« sans faiblesse, modeste avec dignité, secret
« et discret sans être mystérieux, tout est à
« sa place; paroles, maintien, actions, égards,
« rien n'est omis, rien ne paraît coûter. Ce
« prince m'a paru être si différent des autres
« hommes, que j'avoue que, pendant deux
« années, j'ai plusieurs fois épié ses défauts,
« pour essayer de consoler mon amour-pro-
« pre. Recherches vaines! mes observations
« n'ont servi qu'à me faire mieux sentir sa
« supériorité sur les plus parfaits... » C'est là
beaucoup plus qu'il n'en faut pour captiver
et subjuguer une imagination de vingt ans.
Et puis, comment se seraient-ils défiés l'un
et l'autre de cette tendresse mutuelle qu'ils
échangeaient sans s'en douter, qu'ils nour-
rissaient sans se l'avouer chacun à soi-même?
Leurs âmes se rencontraient dans la même
douleur, leurs larmes coulaient de la même
source, leurs cœurs souffraient de la même

blessure. Elle croyait n'aimer en lui que l'époux de sa sœur, il croyait n'aimer en elle que l'image de son épouse. Ainsi tous deux s'habituèrent à mêler et confondre leurs idées et leurs sentiments ; ainsi l'un et l'autre en arrivèrent un jour à sentir, à comprendre, à s'avouer enfin qu'ils s'aimaient. Au lieu de s'irriter de ce nouvel amour, la duchesse de Penthièvre dut s'en réjouir dans la tombe ; car n'était-ce pas elle en effet qu'on aimait une deuxième fois! cet amour n'était-il pas le plus beau, le plus tendre hommage que pût recevoir sa mémoire?

M. de Penthièvre demanda la main de la princesse Mathilde au duc et à la duchesse de Modène, qui la lui accordèrent d'un commun et joyeux accord, tant ils étaient pénétrés d'estime et d'affection pour ce grand caractère, tant ils savaient que leur fille aînée avait goûté près de ce prince toutes les joies que peuvent donner sur la terre la tendresse la plus pieuse et l'amour le plus dévoué! Il ne s'agissait plus que d'obtenir de la cour de Rome les dispenses nécessaires à la célébration du mariage. On ne doutait pas que le saint-père ne les accordât avec empressement. Le duc de Penthièvre partit donc aussitôt pour Rome, à cette fin de les solliciter.

Le pape Benoît XIV (Prosper Lambertini) le reçut avec bonté, l'écouta avec bienveillance, et lui répondit avec affabilité qu'il en référerait à la chambre apostolique. Le duc de Penthièvre pensa que ce n'était qu'une formalité à remplir, et loin de s'en inquiéter autrement, il écrivit à la princesse Mathilde une lettre pleine d'amour et d'espoir. Il semblait avoir retrouvé, avec l'image de sa première épouse, tous les trésors de la jeunesse. Il se faisait en lui comme un nouveau printemps, ainsi qu'il l'écrivait lui-même.

« Non, chère princesse, ajoutait-il en terminant, notre union ne saurait offenser Dieu, qui nous voit nous aimer dans la pureté de nos cœurs. Elle ne saurait non plus troubler l'ombre de votre sœur; mais, au contraire, le tableau de notre bonheur réjouira son âme dans le ciel. Cette âme tendre vous bénira pour avoir continué son œuvre. Elle sait déjà que ce n'est pas un lien nouveau que je veux former ; que c'est le même qui se renoue ; qu'en vous aimant je lui suis fidèle. C'est elle que je cherchais, que je retrouve en vous, et que j'épouserai pour la deuxième fois. Dieu a pensé sans doute que c'était trop pour la terre de deux créatures si parfaites : qu'il soit béni, puisque, m'ayant ravi dans sa rigueur la meilleure moitié de moi-même, il me l'a rendue presque aussitôt dans son inépuisable bonté. »

Cependant les semaines s'écoulaient. Un jour enfin, le cardinal Pozzobonelli vint présenter au duc de Penthièvre la décision du consistoire. La chambre apostolique avait déclaré que le mariage entre beaux-frères et belles-sœurs étant contraire à l'esprit de l'Église, on ne pouvait en accorder la dispense que dans le cas où il faudrait absolument réparer un scandale public; qu'autrement on ne pouvait permettre ni autoriser ces sortes de mariages.

A cette déclaration inattendue, le duc de Penthièvre demeura atterré. Le cardinal Pozzobonelli était de ceux qui pensent qu'il est avec le ciel des accommodements. Voyant la douleur du prince, il dit en souriant qu'il n'y avait pas lieu de se désoler de la sorte, et, partant de là, l'éminence lui fit comprendre que rien n'était si facile que de concilier son attachement terrestre avec son respect pour la cour de Rome. Ne pouvait-il s'entendre, par exemple, avec la princesse Mathilde pour simuler un tête-à-tête amoureux? Le duc de Modène feindrait de les surprendre; on écrirait au pape d'un grand scandale à réparer, et le pape donnerait aussitôt les dispenses. Rien ne semblait, en effet, plus simple ni plus facile. Mais le duc de Penthièvre se récria : le bonheur à ce prix répugnait à son cœur délicat ; la comédie qu'on lui proposait de jouer offensait la dignité de son caractère. Ses sentiments religieux se révoltaient en même temps à l'idée de surprendre l'esprit de l'Église par la ruse et par le mensonge. Enfin, il s'agissait de compromettre publiquement la réputation de sa fiancée, et, bien que ce ne dût être qu'un jeu, son amour reculait avec effroi devant l'apparence d'une souillure.

Ne sachant que résoudre, le duc de Penthièvre se rendit de nouveau à la cour du duc de Modène, et là, dans une entrevue qui devait être la dernière, il soumit à la princesse Mathilde les difficultés qu'élevait la cour de Rome, et à quel prix le bonheur leur était offert et permis, s'en remettant à la princesse du soin de décider de leur destinée. Or, on vit bien en cette occasion ce que peut, chez les grandes âmes, le sentiment du devoir, de l'honneur et de la vertu.

Tous deux s'aimaient avec passion, et tous deux préférèrent renoncer volontairement au bonheur plutôt que de l'obtenir par des voies indignes, pensant qu'il valait mieux vivre dans la douleur, exilés l'un de l'autre, que dans la joie, unis par le scandale et par la honte. Ils s'aimaient cependant d'une tendresse peu commune, jeunes tous deux et tous deux brûlant des chastes ardeurs de l'amour et de la jeunesse; mais ce fut le devoir qui triompha. Ils se séparèrent le jour même pour ne plus jamais se revoir. Ainsi, le duc de Penthièvre acheva ses jours dans un double veuvage : il avait perdu deux fois son épouse, il la pleurait morte et vivante.

Telle est cette simple histoire. Une plume habile et féconde en eût aisément tiré quelque longue et bonne nouvelle; il nous a plu de la conter aussi simplement, aussi succinctement que possible, creusant à peine la source de l'intérêt et nous contentant de l'indiquer à nos lecteurs. En y songeant bien, cette histoire est touchante, et les cœurs naïfs, s'il en est encore, trouveront peut-être quelque charme à rêver et à réfléchir sur ce sacrifice volontaire de deux nobles et belles âmes.

UN ROMAN SUR LES BORDS DU LIGNON.

I.

En 1672, madame Deshoulières, déjà surnommée la dixième Muse, quitta les prés fleuris des bords de la Seine pour aller, disait-elle, rejoindre M. Deshoulières. M. Deshoulières était en Guyenne, président aux fortifications sous les ordres de Louvois : madame Deshoulières alla en Dauphiné. Aussi, durant trois belles années, ils firent très-bon ménage. Madame Deshoulières, en dépit de ses trente-huit ans, était célèbre par sa beauté ; elle était jeune encore par la grâce, par l'esprit et par le cœur. Elle laissait sur son chemin des Céladons sans nombre ; mais, heureusement pour M. Deshoulières, tout finissait par des moutons.

Mesdemoiselles Deshoulières, Madeleine et Bribri, étaient de très-jolies filles de dix-sept à dix-huit ans, bercées dans les innocentes bergeries de leur mère ; elles croyaient à toute la poésie que les rimes bucoliques accordent à la campagne ; elles s'imaginaient voir dans leur voyage des pasteurs jouant de la cornemuse à tout bout de champ, des danses de bergères et de naïades sur les verdoyants rivages. Elles débarquèrent toutes les trois sur les bords du Lignon, en avril, au château de madame d'Urtis. La saison, quoique un peu pluvieuse, avait des matinées magnifiques. Aussi nos voyageuses se levaient de bonne heure pour fouler ce gazon encore ému des pas d'Astrée, cette source limpide, miroir de la bergère, ces bocages tout retentissants des plaintes de Céladon. Durant une des premières promenades, Madeleine Deshoulières, impatiente de voir quelqu'un des tableaux décrits par sa mère, lui demanda ingénument si elles ne rencontreraient pas une seule bergère sur les rives du Lignon. Madame Deshoulières voyait depuis un instant un pâtre et une vachère qui jouaient au jeu divertissant du pied de bœuf; elle cherchait à peindre ce joli tableau ; aussi répondit-elle à Madeleine par des vers.

— On a bien raison de dire, murmura Madeleine, que les tableaux de la nature sont plus beaux dans le lointain. Est-il jamais croyable que c'est là une bergère, une bergère du Lignon?

La vachère était tout simplement une pauvre petite paysanne mal peignée et mal tournée, avec des mains fabuleusement épatées, des yeux clignotants, une bouche sans fin. Le berger était digne de répondre à la bergère; pourtant il y avait sur sa figure rondelette je ne sais quoi de naïf et d'heureux, la bêtise épanouie, qui faisait plaisir à des yeux parisiens. Madame Deshoulières, qui voyait toujours par le prisme d'Honoré d'Urfé, poursuivait poétiquement son tableau.

— Le métier que vous faites-là est bien gentil, n'est-ce pas, mon enfant? dit Madeleine à la petite paysanne.

— Oh! que nenni, ma belle demoiselle, je ne gagne pas l'eau que je bois; et puis, le soir, j'ai encore des coups de bâton pardessus le marché.

— Et vous? reprit Madeleine en se tournant vers le pâtre, qui s'éloignait tout rougissant.

— Pour moi, dit-il en bégayant un peu, c'est une autre affaire : je suis nourri et logé, mais je mange du pain noir et je couche à la belle étoile.

— Il n'est pas trop bête, dit Bribri. Où sont donc les moutons?

— Il n'y a plus de troupeau, dit le jeune pâtre.

— Quoi! dit Madeleine avec dépit et avec chagrin, je ne verrai pas les jolis agneaux bêlant et bondissant sur les rives du Lignon? O Céladon, que va dire ton ombre?

En sa qualité de poëte bucolique, madame Deshoulières se gardait bien de regarder et d'entendre. Elle ne voyait que les amours d'Astrée, elle n'entendait que les chansons imaginaires du vieux roman.

De retour au château, Madeleine et Bribri se plaignirent de n'avoir pas vu de troupeau ni de bergère.

— Est-ce que vous y tenez? dit madame d'Urcis en souriant.

— Beaucoup, dit Bribri; nous espérions vivre ici de la vie des bergères; j'ai apporté tout l'attirail champêtre.

— Moi, dit Madeleine, j'ai là vingt aunes de ruban rose et vingt aunes de ruban bleu pour orner ma houlette et mes brebis.

— Eh bien! mes belles blondes, il y a une

douzaine de moutons broutant au bout du parc : prenez avec eux la clef des champs, allez les conduire sous les aunes du grand parc.

Madeleine et Bribri bondirent de joie pendant que leur mère cherchait péniblement une rime, sans songer à l'églogue qui se préparait. Elles prirent à peine le temps de déjeuner. « Elles s'attifèrent coquettement, écrivait madame Deshoulières à Mascaron ; elles coupèrent elles-mêmes une houlette dans le parc; elles l'enjolivèrent de rubans. Madeleine fut pour le ruban bleu, Bribri pour le ruban rose. Oh! les gentilles bergerettes! Elles passèrent plus d'une heure à chercher un nom qui leur plût; enfin, Madeleine fut pour Amaranthe, Bribri pour Daphné. C'est un nouveau baptême où l'on s'est bien passé de vous. Je viens de les voir au travers des arbres, qui glissaient légèremenc le long du ruisseau d'amour. Pauvres bergerettes, prenez bien garde aux loups. »

Ainsi donc, dès l'après-midi du jour

même, Madeleine et Bribri, c'est-à-dire Amaranthe et Daphné, en jupe de soie grise, en corset de satin, cheveux bouclés à l'aventure, houlette à la main, conduisaient dans les prés les douze moutons du château d'Urtis. Le troupeau, qui avait grand'faim ce jour-là, fut très-capricieux et très-indocile. Les deux bergères prenaient toutes les peines du monde pour le borner dans le bon chemin : c'était un charmant concert de cris argentins, de clairs éclats de rire, de bêlements et de chansons. Les heureuses filles respiraient dans l'âme de la nature, comme a dit un poëte. Elles couraient follement, elles se jetaient sur l'herbe parfumée, elles se regardaient dans les eaux limpides du Lignon, elles cueillaient les primevères à pleines mains. Le troupeau n'y perdait rien : de temps en temps le plus rusé mouton, se voyant gardé par de si folâtres bergères, s'en donnait à belles dents à quelque blé du voisinage. — C'est à toi celui-là, disait Amaranthe. — C'est à toi, disait Daphné.

Elles convinrent de faire le partage, d'orner les uns de colliers bleus et les autres de colliers roses. Chaque bête eut son nom : Mélibée, Jeannot, Robin, Blanchette, et ainsi des autres.

Au coucher du soleil, les bergères ramenèrent leur petit troupeau en passant par l'abreuvoir ; madame Deshoulières pleurait de joie.

— Ah ! mes chères filles, dit-elle en les baisant sur le front, c'est vous qui avez fait une églogue, et non pas moi.

— En vérité, dit madame d'Urtis en s'asseyant sous les saules de l'abreuvoir, il ne manque rien au tableau.

— Il y manque un chien, dit Daphné.

— Il y manque plutôt un loup, murmura la belle Amaranthe en rougissant.

II.

Non loin du château d'Urtis, le vieux manoir de Langevy élevait ses tourelles aiguës au-dessus des petits bosquets environnants. Là vivaient très-retirés du monde M. de Langevy, sa vieille mère et son jeune fils. M. de Langevy avait lutté contre tous les orages et tous les contre-temps de la vie humaine; il se reposait dans le silence de la solitude, regrettant sa femme et sa jeunesse, sa vaillante épée et ses aventures. Son fils, Hector Henri de Langevy, avait étudié chez les jésuites à Lyon jusqu'à dix-huit ans ; accoutumé aux caresses de sa grand'mère, il était revenu depuis trois à quatre ans, résolu de vivre dans sa famille, sans souci des gloires guerrières qui avaient enivré son père. M. de Langevy, tout en condamnant cette façon de vivre qu'il jugeait mauvaise pour la jeunesse, laissait Hector libre; seulement il l'obligeait à chasser, voulant, disait-il, que son descendant ne perdît pas toutes les prérogatives de la guerre. La chasse n'amusait pas trop Hector; passe encore s'il avait pu chasser sans ce lourd fusil de son aïeul qui lui faisait peur, mais qui ne faisait pas peur au gibier. Ce terrible chasseur, après six mois de promenade, ne pouvait encore sans trembler entendre le battement d'ailes des perdrix. N'allez pas croire qu'Hector perdait son temps : il s'égarait dans les fraîches et souriantes rêveries, il voyait déjà à l'horizon poindre l'aurore de l'amour. Il était aux beaux jours de cet âge d'or où le cœur ne frémit encore qu'à l'espérance, où l'âme, plus ravie qu'enivrée, s'en va voltigeant, comme l'abeille qui butine, de la fleur à l'étoile, de l'ombrage au rayon, de la fontaine qui murmure à la colombe qui roucoule, du bosquet qui chante à la femme qui soupire; seulement l'âme d'Hector cherchait encore en vain la femme qui soupire dans les allées presque désertes du Forez. Au château de Langevy il n'y avait qu'une gouvernante hors d'âge et une servante joufflue indigne d'un cœur qui s'ouvre sur les bords du Lignon. Il comptait beaucoup sur une jeune cousine parisienne qui devait passer la belle saison chez son père. En attendant, il se promenait le fusil sur l'épaule, heureux d'espérer, heureux du printemps, heureux de rien, comme le sont à certains beaux jours de la jeunesse les pauvres créatures du bon Dieu.

Vous devinez ce qui arriva. Un jour qu'il

se promenait lentement suivant sa coutume, perdu dans son monde imaginaire, il faillit à tomber dans le Lignon. A force d'aller toujours droit devant lui, sans souci des haies et des barrières, il se trouva sans y penser au-dessus du ruisseau, le pied levé pour avancer encore. Il demeura ainsi troublé, la bouche béante, durant quelques secondes. De l'autre côté du Lignon, dans les prés du château d'Urtis, il avait vu soudain comme par enchantement nos deux charmantes bergères, qui le regardaient à la dérobée. Il rougit jusqu'aux oreilles tout en se demandant s'il devait avancer ou rebrousser chemin. S'en aller, c'était bien maladroit; pourtant il ne pouvait pas, pour sauver son honneur, se jeter à l'eau. Et d'ailleurs, une fois de l'autre côté, oserait-il s'approcher plus près des deux bergères? Sans doute il prit le parti le plus sage : il s'assit dans les roseaux, déposa son fusil, et regarda paître les moutons. A vingt ans l'amour va vite comme une flèche; Hector se sentit soudain éperdument épris d'une des bergères. Il ne savait pas laquelle, mais qu'importe, il était amoureux. S'il avait eu vingt ans de plus, il les eût adorées toutes les deux du même coup ; c'eût été presque aussi sage.

Cependant Amaranthe et Daphné avaient rougi à leur tour de la demi-rencontre ; elles penchaient la tête avec une langueur attrayante, elles ne disaient plus rien. Enfin Amaranthe, plus folâtre et plus rieuse, reprit son babil et sa gaieté.

— Vois-tu, Bibri, c'est-à-dire Daphné, c'est un dieu de la fable ; c'est Narcisse qui regarde son image.

— Dis plutôt que c'est ton image qu'il regarde, dit Daphné en rougissant encore.

— C'est Pan qui soupire dans les roseaux en attendant que tu te métamorphoses en flûte, ma pauvre Daphné.

— Vous vous trompez, ma sœur, c'est Endymion qui poursuit la bergère Amaranthe.

— Du train qu'il y va, il la poursuivra longtemps. S'il n'était pas si rustique, il serait bien gentil avec ses longs cheveux bruns ; sais-tu qu'il y a près d'une heure qu'il est là ! il va prendre racine comme les hamadryades.

— Le pauvre garçon ! murmura Daphné d'un air naïf ; il a l'air de bien s'ennuyer là-bas tout seul.

— Il va venir nous voir, c'est bien simple ; nous lui donnerons une houlette et un chapeau de fleurs.

— C'est vrai, il nous faut un berger, dit Daphné avec un charmant sourire d'innocence. Oh non ! reprit-elle aussitôt par jalousie ; c'est bien heureux en vérité qu'il passe une rivière entre nous.

— J'espère bien qu'il finira par trouver un pont *per passa lou riou d'amor.*

Or, à cet instant plus que jamais, Hector songeait *à passer le ruisseau d'amour ;* il respirait avec un charme jusque-là inconnu les parfums enivrants de la violette et de la primevère, des roseaux et des herbes humides. Tout en cherchant des yeux un passage quelconque, il vit un vieux saule à demi renversé sur le ruisseau : avec un peu de hardiesse et d'agilité, c'était un pont agréable et poétique. Hector voulut s'y hasarder : il se leva avec résolution ; il alla droit au saule sans broncher ; arrivé là, il ne put s'empêcher de songer qu'en cet endroit et à cette saison le ruisseau était assez profond. Enfin il grimpa au tronc, se glissa au bout d'une branche inclinée, et se jeta avec assez de bonheur sur la prairie du château d'Urtis. Il n'avait qu'un chemin à suivre, c'était d'aller sans détour vers les bergères de la prairie. Il avança bravement, étourdissant de son mieux sa timidité enfantine. Il aborda le premier mouton du troupeau par des caresses insidieuses. Après quoi, ne se trouvant plus qu'à quelques pas d'Amaranthe, il s'inclina avec un sourire inquiet.

— Mademoiselle...

Il fut soudainement interrompu par une petite voix claire et mignarde.

— Il n'y a point de mademoiselle ici, il y a la bergère Daphné et la bergère Amaranthe.

Hector, qui avait une galanterie sur les lèvres pour la belle demoiselle qui gardait les moutons, ne sut plus trop que dire à la bergère. Il s'inclina une seconde fois.

— Belle Amaranthe et belle Daphné, daignez permettre à un humble mortel de fouler le gazon de vos prés.

— Cela n'est pas trop mal trouvé, murmura la railleuse Amaranthe avec un sourire moqueur.

Daphné, plus charitable et plus touchée de la galanterie du chasseur, lui répondit en baissant la tête :

— Oui, monsieur, il ne tient qu'à vous de fouler cette herbe en passant...

— Nous allons même vous faire les honneurs de chez nous, poursuivit Amaranthe ; nous offrons à votre seigneurie un siége de verdure.

— Je suis trop heureux de me jeter à vos pieds, s'écria Hector en s'agenouillant à demi.

Mais il avait mal choisi la place ; il brisa sous son genou la houlette de Daphné.

— Ah! mon Dieu, ma pauvre houlette! dit-elle avec un soupir.

— Je suis désolé, dit Hector; j'irai vous en couper une autre là-bas, dans la frênaie; mais celle-ci vous était chère sans doute; elle vous venait d'un berger peut-être. Que dis-je, d'un berger! d'un prince plutôt, car vous-mêmes, vous êtes des princesses ou des fées.

— Nous sommes simplement des bergères, reprit Amaranthe.

— Vous êtes simplement de belles dames de Paris, prenant l'air de la campagne au château d'Urtis. Le ciel en soit loué! car, dans mes promenades au vallon, je vous verrai de loin si je n'ose vous voir de près; je vous verrai apparaître au travers des arbres comme des enchanteresses.

— Oui, nous sommes des Parisiennes, mais pour toujours retirées du monde et de ses bruits trompeurs.

Amaranthe avait dit ces derniers mots en déclamant un peu.

— C'est s'y prendre de bonne heure, dit Hector en souriant; vous avez donc bien à vous plaindre du monde?

— C'est là notre secret, monsieur le chasseur. Mais vous, est-ce que vous vivez aussi en jeune ermite?

— Moi, belle Amaranthe, j'ai toujours rêvé avec délices la vie heureuse des bergers, mais j'avoue que je ne croyais plus aux jolies bergères. Puisque je vous ai rencontrées, je vais retomber plus avant dans la joie de mes rêves. Ah! que ne puis-je garder avec vous les moutons!

Les deux jeunes filles ne savaient d'abord que répondre; le loup allait un peu vite à la bergerie. Daphné prit enfin la parole :

— Notre troupeau est bien petit, et il est déjà bien assez mal gardé comme cela.

— Quel bonheur pour moi de devenir Daphnis, de vous chanter un lai d'amour ou un chant de mai, de vous cueillir des bouquets et de vous tresser des couronnes!

— N'en parlons plus, dit Amaranthe un

peu inquiète de l'ardeur soudaine de Daphnis ; voilà le soleil qui se couche, nous allons retourner au parc. Adieu, monsieur, ajouta-t-elle en se levant pour partir.

— Adieu, Daphnis, murmura la tendre Daphné tout émue.

Hector n'osa pas les suivre, il demeura plus d'un quart d'heure debout dans la prairie, le regard fixé sur elles d'abord, ensuite sur la porte du parc d'Urtis. Son cœur battait violemment, toute son âme fuyait sur les traces des bergères. — Adieu, Daphnis, m'a dit Daphné ; j'entends encore cet adieu si doux. Qu'elle est jolie ! qu'elles sont jolies ! Amaranthe a plus de grâce, mais Daphné est plus touchante. Les beaux yeux ! Les blanches mains ! Le doux sourire ! Et ce charmant costume si simple et si coquet ! ce blanc corset, que je n'osais regarder ! cette jupe de soie, qui ne pouvait cacher le bout de ces jolis pieds mignons ! C'est Diane, c'est Vénus, c'est un enchantement, j'en deviendrai fou. Ah ! ma cousine, vous auriez dû venir plus tôt !

Le soleil s'était couché dans un lit de nuages de pourpre ; le rossignol jetait sa note perlée ; le feuillage de mai était tout frémissant aux brises printanières qui répandaient les parfums enivrants de la prairie ; près de rentrer à sa ruche, l'abeille bourdonnait plus joyeuse, la cigale dansait aux premières chansons nocturnes du grillon. Au fond de la vallée, le petit pâtre mêlait sa voix fraîche au concert rustique ; les raines jetaient leurs accents mélancoliques sur les rives du Lignon, qui racontait doucement, sous le mystère des roseaux, les plaintes de Céladon et les soupirs d'Astrée. Ce n'étaient que chansons, frémissements, parfums secoués, hymnes amoureuses. Hector n'avait pas assez de place dans son cœur pour toutes ces joies de la nature. — Demain, dit-il en baisant la houlette brisée de Daphné, demain je reviendrai.

III.

Le lendemain, Hector erra, dans la matinée, le long des rives du Lignon, ayant en main une houlette fraîchement coupée. Il regardait à chaque instant vers la porte du parc d'Urtis, espérant y voir apparaître les gracieuses images de la veille. Enfin, vers midi, un agneau, s'élançant de cette porte, bondit gaiement dans la prairie; les onze autres bêtes de la bergerie le suivirent d'un même bond, aux éclats de rire argentins d'Amaranthe; Daphné ne riait pas. Dès qu'elle eut mis un pied sur le seuil, elle regarda à la dérobée vers le ruisseau : — Je l'avais deviné, murmura-t-elle, Daphnis est revenu. Or, Daphnis, ne pouvant contraindre sa joie, allait déjà au-devant des deux bergères, lorsqu'il fut soudainement arrêté dans sa route par madame Deshoulières et madame d'Urtis. En rentrant la veille, Amaranthe avait, au grand dépit de Daphné, raconté mot à mot comment un jeune chasseur était venu, non pas en chasseur qui demande son chemin, mais en chasseur qui veut faire son chemin dans les cœurs. Madame d'Urtis n'avait pas douté que ce ne fût le jeune de Langévy. Amaranthe ayant ajouté qu'elle était bien sûre, malgré ce que pouvait dire Daphné, qu'il reviendrait le lendemain, tout le monde voulut être de la partie. Hector eût bien voulu s'en aller; deux femmes, passe encore, mais quatre ! Pourtant il tint bon; il attendit de pied ferme, et salua les dames en garçon assez résolu. On lui rendit trois gracieux saluts ; Daphné seule passa sans s'incliner, ce qui lui sembla d'un bon augure. Ne sachant trop comment engager la conversation, perdant d'ailleurs un peu la tête, il hasarda d'offrir sa houlette à Daphné. N'ayant pas de houlette ni de raisons pour refuser, elle la prit d'une main tremblante, tout en regardant madame Deshoulières.

— J'ai cassé hier la vôtre, charmante Daphné; mais pourtant elle n'est pas perdue, j'en ferai des reliques précieuses.

— Monsieur de Langevy, dit madame d'Urtis d'un air aimable, puisque vous faites tant que de garder les moutons avec ces demoiselles, venez donc avec elles, dans une heure, goûter au château.

— J'irai partout où vous voudrez que j'aille, dit étourdiment Hector.

— C'est bien entendu, reprit madame d'Urtis; je retourne tout de suite faire battre le beurre et tamiser le fromage : un goûter des plus simples, mais un goûter d'amis.

— En un mot, un goûter de bergères, dit madame Deshoulières.

Daphné s'était éloignée lentement, pressant, sans y penser, la houlette contre son cœur; elle alla jusque sur la rive, entraînée par je ne sais quel vague sentiment mystérieux qui voulait de la solitude. Un jeune agneau, le plus gentil et le plus blanc du troupeau, déjà accoutumé à ses douces caresses, l'avait suivie comme un chien fidèle; elle glissa la main sur cet agneau, tout en se retournant vers sa mère. Elle vit avec une certaine surprise madame Deshoulières et Hector devisant ensemble, comme d'anciens amis, pendant que madame d'Urtis et Amaranthe se poursuivaient, comme deux folles, vers le parc. Elle s'assit sur l'herbe fraîche de la rive, vis-à-vis des roseaux où elle avait vu Hector la veille. Se voyant bien seule au moins pour une minute, elle osa regarder la houlette. C'était un jet de frêne d'une belle venue, enjolivé d'un bouquet rustique et d'un nœud de rubans assez mal fait. Comme Daphné voulut y retoucher, elle entrevit avec effroi un billet caché dans le bouquet. Que faire de ce billet? le lire? Mais c'était dangereux, son confesseur ne prescrivait pas cela, sa mère était là qui pouvait la surprendre. Ne pas le lire, c'était bien plus simple; ne savait-elle pas à peu près ce que disait ce billet? D'ailleurs, à quoi bon le savoir? Ne pas le lire, c'était donc bien plus sage : vous devinez bien qu'elle le lut; vous auriez fait comme elle, madame. Ce n'était pas un vulgaire billet en prose, voyez plutôt :

A LA BERGÈRE DAPHNÉ.

Le plus beau jour du mois de mai
Fut le plus heureux de ma vie;
Le beau dessein que je formai
Le plus beau jour du mois de mai !
Je vous vis et je vous aimai :
Si cet amour fut votre envie,
Le plus beau jour du mois de mai
Fut le plus beau jour de ma vie.

Le berger Daphnis.

Certes Daphné n'eût point pardonné à Hector s'il lui eût écrit en prose, mais, en vers, ce n'était plus qu'une licence poétique. Bien loin de déchirer et de jeter le billet, elle le plia et le glissa doucement dans son joli corset de satin blanc, la plus douce chiffonnière d'une femme, disait Boufflers. Pour la première fois de sa vie, elle trouva un charme ineffable à voir couler les flots du ruisseau, qu'effleuraient les sautillantes moucherolles et les coquettes demoiselles. Bientôt, voyant tout d'un coup à deux pas les images de madame Deshoulières et d'Hector, elle devint toute pâle, comme une coupable surprise dans sa faute.

— Eh bien, ma fille, comme vous voilà pensive au bord de l'eau, oubliant vos moutons qui s'égarent! Monsieur de Langevy, vous qui lui avez donné une houlette, ramenez-la donc à ses moutons. Pour moi, je vais écrire une épître à mon évêque.

Madame Deshoulières se promena sans

trop s'éloigner, tout en marmottant du bout des lèvres :

> Des bords fameux du Lignon,
> Le moyen de vous écrire !
> L'air de ce pays inspire
> Je ne sais quoi de fripon.
> Depuis que feu Céladon,
> Pour la précieuse Astrée,
> L'âme de douleur outrée,
> Mit ses jours à l'abandon,
> Amour résolut, dit-on,
> Que l'air de cette contrée
> Rendrait le plus fier dragon
> Doux comme un petit mouton, etc.

Madame Deshoulières n'était pas sévère avec l'amour, pourvu toutefois que l'amour eût les dehors galants et délicats comme à l'hôtel Rambouillet ; ainsi elle rimait son épître sans inquiétude pour sa fille; seulement elle lui disait un mot de temps en temps pour lui rappeler qu'elle était là. Daphné, qui répondait à peine à Hector, s'empressait de répondre longuement à sa mère; il est vrai qu'elle ne savait pas ce qu'elle disait.

La bergère Daphné, ou plutôt Bribri Deshoulières, était, on l'a vu déjà, jolie, naïve et tendre; jolie avec un caractère de douceur ineffable dans les traits, naïve comme le sont les jeunes filles, c'est-à-dire avec de petites malices diaboliques; tendre avec ce doux sourire qui entr'ouvre le cœur en même temps que les lèvres. Ce qui frappait en elle au premier coup d'œil, c'était un léger voile de tristesse, pressentiment fatal, qui la rendait plus touchante encore. Sa sœur était plus jolie peut-être, elle avait plus de roses épanouies sur les joues, plus de grâces séduisantes, plus d'aimables coquetteries; mais, si les yeux étaient pour Amaranthe, le cœur était pour Daphné; et, comme les yeux deviennent l'esclave du cœur, Daphné triomphait. Ainsi, Hector, dans sa fougue amoureuse, n'avait d'abord vu qu'Amaranthe, et pourtant, une fois loin des deux sœurs, il s'était surtout ressouvenu de Daphné.

IV.

La cloche du château annonça le goûter: Hector offrit son bras à madame Deshoulières, Daphné appela ses moutons; on rentra par le parc, où l'on rencontra madame d'Urtis et Amaranthe. La collation fut au goût de tout le monde par la gaieté et par les mets. Premier service : une omelette au jambon; entrée : gâteaux et beurre frais; second service : un magnifique fromage à la crème; dessert : meringues et confitures. Je prends tous ces détails dans la correspondance de madame Deshoulières; que ceux qui n'ont jamais goûté me pardonnent.

A la nuit tombante, Hector quitta la compagnie avec bien des regrets; mais il n'avait pas de temps à perdre, même en si bonne compagnie : il avait deux lieues à faire sans clair de lune et par des chemins de traverse encore sillonnés des grandes pluies de l'équinoxe.

Le lendemain, Hector revenait au château d'Urtis, en passant par la prairie : quand il fut près du saule qui servait de pont au ruisseau, il s'étonna de ne voir dans les prés ni les bergères ni le troupeau; il passa le pont tout en songeant que c'était d'un mauvais augure, mais à peine fut-il sur l'autre rive, qu'il entrevit tout au bout du pré quelques moutons éparpillés. Il alla rapidement de leur côté, assez inquiet de ne voir ni

Amaranthe ni Daphné; en s'approchant, il vit bientôt sa bergère bien aimée tristement penchée au-dessus du Lignon, qui, en cet endroit, tombait bruyamment en petites cascades. La tendre Daphné avait ceint de son joli bras le tronc d'un jeune saule en fleur, qui la retenait ainsi gracieusement au-dessus de la cascade, et qui l'abritait de son ombre odorante. Elle abandonnait son âme à ces rêveries nuageuses dont le fil mille fois renoué est l'œuvre de la joie qui espère et de la tristesse qui craint. Elle ne vit pas venir Hector; à sa vue elle fut surprise comme au sortir d'un songe :

— Vous êtes seule? lui dit Hector en l'abordant.

Elle s'empressa de répondre que sa sœur allait venir la rejoindre. Les deux amoureux gardèrent le silence durant quelques secondes, se regardant à la dérobée, n'osant se rien dire, comme s'ils eussent eu peur du bruit de leurs paroles dans la solitude.

— Il me semble, dit Hector en tremblant, qu'il y a quelque idée triste qui court sur votre front.

— C'est vrai, répondit Daphné. Maman a reçu des nouvelles de M. Deshoulières ; il passera ces jours-ci par Avignon ; nous allons partir pour le voir à son passage.

— Partir! s'écria Hector en pâlissant.

— Oui. Moi qui me trouvais si bien ici dans ces prés avec ces moutons que j'aime tant!

En parlant des moutons, Daphné regardait Hector.

— Qui vous empêche de rester ? Madame Deshoulières viendra vous reprendre plus tard.

— Plus tard! mon chagrin serait encore plus grand. Je veux partir ou rester toujours.

Sur cette parole, Hector se jeta à genoux, saisit les mains de Daphné, les baisa avec feu, et lui dit en levant vers elle des yeux humides d'amour : — Eh bien! oui, toujours, toujours! Vous savez, Daphné, je vous aime, je veux vous le dire toute ma vie.

Daphné, entraînée par son cœur, laissait baiser ses mains sans songer à se défendre.

— Hélas! je ne puis pas toujours garder les moutons. Que deviendra la pauvre bergère?

— Ne suis-je pas votre berger? ne suis-je pas Daphnis? dit Hector avec plus d'ardeur; confiez-vous à moi, à mon cœur, à mon âme: cette main-là ne quittera jamais la vôtre; nous vivrons de la même vie, sous le même rayon et sous le même nuage, au désert ou dans un palais. Mais avec vous la première baraque venue ne sera-t-elle pas un palais? Tenez, ma chère Daphné, il y a à une demi-lieue d'ici une chaumière, la Chaumière-des-Vignes, habitée par la sœur de ma nourrice, où nous pourrions vivre dans tout le charmant mystère de l'amour.

— Jamais, jamais! s'écria Daphné.

Elle détacha ses mains des mains de son

amant, elle s'éloigna de quelques pas et se mit à pleurer. Hector se traîna tout agenouillé jusqu'auprès de l'aunaie où elle venait de s'arrêter ; il parla d'amour avec feu, il supplia avec larmes ; il fut si éloquent, que la pauvre Daphné, trop faible pour résister longtemps à ces secousses démoniaques et angéliques du premier amour, qui nous égarent et nous enivrent tous tant que nous sommes, lui dit toute pâle et tout éperdue :

— Eh bien ! oui, je me confie à vous et à Dieu. Il arrivera ce qu'il pourra, mais est-ce ma faute si je vous aime ?

Un tendre embrassement suivit ces paroles. Le soir était venu, le soleil, caché sous les nuages de l'horizon, n'avait plus qu'une lumière pâlissante ; le petit pâtre reconduisait les vaches et les dindons, dont le glou-glou troublait l'harmonie des bocages. Les moutons du château reprenaient peu à peu le chemin de l'abreuvoir.

— Voyez, dit Daphné en détournant ses cheveux éparpillés sur le front ; voyez mes pauvres moutons qui m'indiquent le chemin à suivre.

— Au contraire, dit Hector, les ingrats s'en vont paisiblement sans vous.

— Mais je suis effrayée ! comment tromper ainsi ma mère ? Elle en mourra de chagrin.

— Elle fera des vers, et tout sera dit.

— Je lui écrirai que, ne pouvant résister à mon cœur, je suis partie, sans l'avertir, pour le couvent de Sainte-Marie-Madeleine, dont on parlait hier.

Ainsi la blanche et pure Daphné, si candide et si naïve, se trouvait tout d'un coup ingénieuse à mal faire, tant il est vrai qu'au fond du cœur le plus aimable, il se trouve un petit grain de perversité.

— Oui, oui, répondit Hector, vous écrirez à madame Deshoulières que vous vous êtes réfugiée au couvent : elle partira pour Avignon ; nous resterons seuls sous ce beau ciel et dans ce beau pays, heureux comme l'oiseau qui chante, libres comme le vent de la montagne.

Et, tout en disant cela, Hector entraînait Daphné. Ils étaient arrivés tout au bout du pré, devant un léger pont de planches couvertes de mousses et d'herbes flottantes. Daphné refusait de passer; elle avait déjà des remords, elle pressentait qu'une fois le pont passé, c'en était fait de sa candeur. Pourtant elle passa. Mais que les femmes qui n'y ont point passé lui jettent la première pierre.

Après une demi-heure de marche, souvent interrompue pour un regard ou un baiser, ils arrivèrent devant la Chaumière-des-Vignes. La bonne vieille sarclait des pois dans son jardin; elle avait confié la garde de sa maisonnette à un gros chat grisâtre qui sommeillait sur le seuil. Daphné regarda cette demeure avec amour : c'était une solitude agréable, on y arrivait par un petit sentier bordé de sureaux et tapissé d'herbes odorantes. On traversait un enclos parsemé de quelques magnifiques ceps de vigne grimpant au tronc du poirier et aux branches de l'ormeau. Le Lignon, par un détour gracieux, passait à deux pas de cet enclos.

— Au moins, dit Daphné, si je suis triste, j'irai répandre une larme dans mon cher ruisseau.

— Est-ce que vous trouverez le temps de pleurer? dit Hector en lui pressant la main; ici tous nos jours seront filés de soie. Voyez cette petite fenêtre à demi voilée par le lierre et la vigne vierge : c'est là que vous respirerez la vie tous les matins en vous éveillant ; voyez là-bas cette tonnelle si verdoyante : c'est là que tous les soirs nous parlerons du bonheur passé et du bonheur à venir. Notre vie sera belle et douce comme un rayon de soleil qui passe sur les roses.

Ils étaient entrés dans la chaumière. Ce n'était rien moins qu'un palais; mais, sous ces solives vermoulues, à l'abri de ces murs un peu déserts, en face de cet âtre des plus humbles, la pauvreté vous souriait gaiement avec sa simplicité primitive, tout en vous offrant un escabeau. Daphné se trouva, du premier abord, un peu dépaysée sur ces dalles nues, en respirant l'odeur rustique de l'âtre où bouillonnait le souper, du lavoir où s'égouttait le fromage, du bahut où moisissait le pain bis; mais, grâce à l'amour, qui a le don des métamorphoses, qui répand sur tout des rayons magiques, Daphné trouva à son gré la chaumière, les meubles et le parfum rustique.

La bonne vieille, revenant du jardin, fut bien surprise à la vue d'Hector et de Daphné.

— Quelle jolie sœur vous avez là! monsieur Hector.

— Ecoutez, Babet; depuis le mariage de votre fille, la petite chambre du haut est à peu près déserte; mademoiselle passera quelques jours dans cette chambre, mais vous n'en direz rien. C'est un mystère.

— A votre aise, monsieur Hector; je serai bien heureuse de voir la chambre de ma fille si bien habitée. Le lit n'est pas trop mauvais, les draps sont en toile, mais ils sentent bien la lessive et la haie.

— Que voulez-vous? reprit Hector, tout le luxe est en dehors, c'est le bon Dieu qui en fait les frais.

— Vouz allez souper avec moi, ma belle dame, reprit la vieille ; mes plats sont en étain, mais il y a dans mes légumes et dans mes fruits je ne sais quoi venant de la bénédiction du ciel.

Là-dessus, la bonne vieille Babet mit la table et servit le souper. Hector dit tendrement adieu à Daphné, lui baisa vingt fois la main, et partit en promettant de revenir le lendemain au lever du soleil.

V.

Daphné ne dormit guère dans sa petite chambre. Elle était inquiète, elle songeait à sa mère, elle s'effrayait de l'amour. Au point du jour, elle ouvrit la fenêtre; en voyant les premiers feux de l'aurore, les arbres tout brillants de rosée, en écoutant l'oiseau matinal qui essayait sa gamme et sautillait gaiement de branche en branche, le coq de son hôtesse qui chantait bruyamment ses conquêtes de la veille, elle reprit un peu de sérénité dans le cœur ; son amour printanier et aventureux lui apparut avec de nouveaux attraits. Le chemin du pécheur est d'abord semé de roses, qui plus tard se fanent sous les larmes : Daphné n'était qu'au début du chemin.

Comme elle repoussait, en se moquant, ses mauvais songes de la nuit, elle vit tout d'un coup Hector dans la haie de vigne et d'aubépine.

— A la bonne heure ! lui cria-t-elle, vous m'arrivez avec le soleil.

— Que vous êtes belle ce matin, Daphné ! lui dit Hector avec un regard d'amour et un sourire enchanté.

Elle se regarda d'un air distrait, et, voyant qu'elle n'était qu'à demi vêtue, elle se jeta tout au fond du lit.

— Comment vais-je faire ? dit-elle ; je ne puis pas toujours mettre une jupe de soie et un corset de satin.

Elle s'habilla pourtant comme la veille, se confiant au sort pour le lendemain. Hector apportait de quoi écrire à madame Deshoulières. Daphné écrivit une touchante lettre d'adieu.

— C'est bien cela, dit Hector, j'ai là un paysan qui s'acquittera du message ; moi, je retournerai cet après-midi dans le pré d'Urtis, comme si de rien n'était ; on ne se doutera jamais que je vous ai vue. Votre mère part ce soir, dites-vous : demain donc nous n'aurons plus rien à craindre.

Les amoureux déjeunèrent en gai tête-à-tête dans la petite chambre. Daphné elle-même avait préparé le miel, les fruits et le fromage ; elle-même avait été à la fontaine avec la cruche ébréchée de la chaumière.

— Vous voyez, monsieur, dit-elle en se mettant à table, que j'ai tous les talents d'une paysanne.

— Et toute la grâce d'une duchesse, dit Hector.

A deux heures il alla vers le château d'Urtis; ne voyant, après avoir un peu attendu, personne dans le pré, il s'approcha du parc, il poussa la porte entr'ouverte, il suivit la grande allée jusqu'au perron du jardin : madame Deshoulières, l'ayant aperçu, vint au-devant de lui avec empressement.

— Ma fille, monsieur, dit-elle tout agité ; vous n'avez pas vu ma fille ?

— J'espérais la voir ici, répondit Hector avec une surprise bien jouée.

— Elle est partie, monsieur, partie pour je ne sais plus quel couvent, partie comme une petite folle, déguisée en bergère. Oh ! la vilaine fille ! quelle mauvaise nuit nous avons passée ! que de peines ! que d'inquiétudes ! que de larmes ! Et moi qui vais partir aussi sans pouvoir la suivre.

Hector continua de jouer naïvement la surprise ; il joua même la douleur, il offrit ses services, parla de courir après la fugitive ; enfin, malgré toute sa pénétration habituelle, madame Deshoulières ne devina pas le moins du monde qu'Hector savait où était sa fille. Après avoir salué madame d'Urtis et Amaranthe, il partit en se flattant d'être un garçon qui promettait pour les manœuvres d'amour.

Il retourna auprès de Daphné, qui était redevenue triste ; il la consola par le tableau d'un doux avenir. Le lendemain il vint un peu tard ; il était plus pensif que de coutume, il embrassa sa gentille bergère avec quelque contrainte.

— Savez-vous, lui dit-elle, que vous n'êtes pas trop galant ? Un berger bien appris et bien amoureux éveillerait tous les matins sa bergère au son de la musette. Il cueillerait pendant la rosée des bouquets et des fruits plein sa panetière ; il graverait sur l'écorce de l'arbre qui monte à sa fenêtre ses chiffres, comme ils le sont dans son cœur. Vous, rien de tout cela ; vous vous contentez de venir, comme un galant de ruelle, à midi sonnant, et vous vous plaignez que l'heure du berger ne sonne pas pour nous. Voyez, méchant, c'est moi qui ai cueilli des fleurs et des fruits. N'est-ce pas que notre petite chambre est belle à présent? Des jacinthes sur la fenêtre, des roses sur la cheminée, des violettes partout. Ah! si vous étiez là plus souvent.

Ils descendirent au jardin, où la bonne vieille déjeunait en compagnie de son chat et de ses abeilles.

— Venez de ce côté, reprit Daphné; voyez-vous ce petit coin fraîchement labouré? eh bien, c'est mon jardin. Il n'y pousse pas grand'chose encore, mais quel charmant berceau de vigne! que la haie est belle et odorante! Demain il y aura un banc de gazon pour nous asseoir. Mais qu'avez-vous donc? vous êtes si distrait que vous ne m'écoutez pas.

— Je n'ai rien, Daphné, rien en vérité; je vous aime de plus en plus, voilà tout.

— Il n'y a pas de quoi être si triste.

Hector partit bientôt sans confier à Daphné le sujet de son inquiétude.

Or, voici ce qui se passait au château de

Langevy : sa cousine Clotilde y était arrivée la veille avec une grand'tante pour y résider tout le printemps. M. de Langevy, qui n'allait point par quatre chemins dans ses projets, avait déjà sans détour signifié à son fils que mademoiselle Clotilde de Langevy, leur nièce et cousine, était une jolie fille, et, qui plus est, une riche héritière. Il devait, lui, Hector de Langevy, dernier du nom, héritier d'un mince patrimonie, se hâter, par toutes les voies de droit, d'épouser ladite cousine à ses risques et périls. Hector s'était de prime abord noblement révolté en songeant à la pauvre Daphné; mais peu à peu, en y regardant de plus près, il avait trouvé, l'héritage aidant, beaucoup d'attraits chez sa cousine. Elle était jolie, gracieuse, piquante; elle se suspendait à son bras sans façon, elle avait le plus charmant babil du monde; en un mot, sans le souvenir de Daphné, il en fût devenu fou.

Comme il fallait promener sa cousine ou lui tenir tête, il fut deux jours sans aller à la

Chaumière-des-Vignes. Le troisième jour, Clotilde l'ayant supplié devant son père de la conduire sur les rives du Lignon, il n'osa s'y refuser. Il se contenta, pour apaiser son cœur qui souffrait, d'envoyer un soupir vers Daphné.

Du château de Langevy, le chemin le plus court pour aller au Lignon aboutissait tout droit à la Chaumière-des-Vignes : Hector n'eut garde de prendre le chemin le plus court; il se détourna de près d'une demi-lieue; il mena sa cousine vers le bout des prés d'Urtis. Pendant que Clotilde ployait les roseaux et effeuillait les branches retombantes des saules, tout en regardant couler le ruisseau célèbre, Hector jetait çà et là un coup d'œil désolé sur les prés déserts.

— Ah! mon Dieu, s'écria tout à coup Clotilde en tombant sur la rive.

Son pied avait glissé; un peu plus, elle tombait dans le Lignon. Hector courut à elle, se jeta tendrement à ses pieds, lui saisit les mains. Bientôt, comme elle était toute pâle et toute défaillante, il la prit doucement par le corsage, lui dit d'appuyer le front sur son épaule.

— On dirait une naïade surprise par un sylvain, murmura-t-il en lui baisant les cheveux.

Comme il relevait la tête pour respirer, il vit sur l'autre rive, à demi cachée dans les branches d'un saule, la pauvre Daphné. Elle était venue dans son ennui revoir le berceau de ses amours, refouler l'herbe de ce pré enchanteur où, deux jours avant, deux jours seulement, les heures avaient si doucement sonné à ses oreilles. Que vit-elle, qu'entendit-elle, la pauvre fille ! Pour répondre dignement au baiser d'Hector à Clotilde, elle brisa sa houlette avec un noble élan de colère ; et puis, tout épuisée par son désespoir, elle se laissa tomber sur la rive en poussant un cri plaintif.

A ce cri, à la vue de la pauvre Daphné tombant évanouie, Hector, tout éperdu, ne sachant où il en était, se lança en aveugle de l'autre côté du ruisseau ; l'amour et la douleur l'avaient transporté. Il se releva et courut comme un fou vers sa douce bergère, oubliant tout à fait Clotilde, qui lui parlait toujours. Il souleva Daphné dans ses bras tremblants.

— Daphné ! Daphné ! lui cria-t-il, reviens à toi, c'est toi que j'aime, toi seule !

Et il l'embrassait tendrement, et il pleurait, et il lui parlait encore. Daphné rouvrit un œil désolé, qu'elle referma au même instant.

— Non, non, dit-elle, ce n'est plus Daphnis, et moi je ne suis plus Daphné ; c'est fini, laissez-moi mourir toute seule.

— Mon cher amour, ma pauvre Daphné, je vous aime, je vous le jure du fond du cœur ; je ne vous trahis point ; vous êtes la seule que j'aime.

Cependant Clotilde était venue jusque vis-à-vis de ce touchant tableau.

— Eh bien ! mon cousin, à merveille ! cria-t-elle à Hector. Est-ce que je vais m'en retourner toute seule au château ?

— Allez, monsieur, dit Daphné en le repoussant; allez, on vous attend, on vous rappelle.

— Mais, Daphné..., mais, ma cousine...

— Je ne veux plus vous entendre, monsieur, mon quart d'heure de folie est passé; n'en parlons plus.

— Mon cousin, cria de son côté Clotilde en voulant railler, savez-vous que cette scène touchante de bergère est une surprise des plus agréables? Je vous en tiendrai compte. Vous ne m'aviez pas promis cela sur les rives du Lignon. Dites-moi, mon cousin, est-ce le dernier chapitre de *l'Astrée?*

— Ma cousine, je vous rejoins à l'instant; je vous confierai tout, et vous ne rirez plus.

— De grâce, monsieur, dit Daphné en se relevant, de grâce, que cette triste histoire soit toujours un mystère. Je ne veux pas qu'on rie des faiblesses de mon cœur. Adieu, monsieur, que tout soit oublié, que tout soit enseveli.

De belles larmes coulaient sur les joues de Daphné.

— Non, non, Daphné, je ne vous quitterai jamais, je le dis tout haut. Je vais reconduire ma cousine au château; je reviens dans une heure essuyer vos larmes et vous demander pardon à genoux. D'ailleurs je ne suis pas coupable, j'en prends ma cousine à témoin. N'est-ce pas, Clotilde, que je ne vous aimais pas?

— Ma foi, mon cousin, vous m'avez dit que vous m'aimiez; mais, comme les hommes disent toujours le contraire de ce qu'ils pensent, je veux bien admettre que vous ne m'aimiez pas. Du reste, ne prenez pas tant d'inquiétude sur moi, je retournerai bien seule.

Elle s'éloigna très-offensée, mais de l'air du monde le plus calme et le plus dégagé.

— Je cours sur ses pas, dit Hector, car elle dirait tout à mon père. Adieu, Daphné; dans deux heures je serai à la Chaumière-des-Vignes, plus amoureux que jamais.

— Adieu donc, murmura Daphné d'une voix mourante. Adieu! reprit-elle en voyant s'éloigner Hector; adieu! Moi, dans deux heures, je ne serai plus à la Chaumière-des-Vignes.

VI.

Elle retourna chez la vieille Babet. En revoyant sa petite chambre, qu'elle avait pris tant de peine et tant de plaisir à orner de fleurs et de verdure, elle inclina douloureusement le front. — Mes pauvres roses, murmura-t-elle en respirant le parfum de la chambre, qui était déjà un parfum d'amour, je ne songeais guère, en vous cueillant, que son cœur se flétrirait avant vous.

La bonne vieille survint. — Eh quoi! ma fille, je vous vois pleurer? Est-ce qu'on pleure à dix-huit ans?

Daphné se jeta dans les bras de Babet tout en sanglotant. — Il me trompait, il m'abandonnait pour sa cousine. Je vais partir; vous lui direz qu'il m'a fait bien du mal... que je suis atteinte d'un coup mortel... Non, non, ne lui dites pas cela. Dites-lui que je suis partie bien résignée, en lui pardonnant et en priant Dieu pour lui. Mais je n'aurai pas la force de partir sans le revoir!

Daphné aimait Hector de tout son cœur et de toute son âme; elle s'était aveuglément abandonnée à l'amour avec l'ardeur religieuse de la jeunesse qui espère. Avant de quitter Paris, elle avait rêvé que dans son voyage elle rencontrerait, le soir dans la campagne, aux alentours d'un château, quelque jeune gentilhomme qui l'aimerait avec passion. Ce rêve caressé à Paris s'était presque réalisé dans le Forez. Hector était bien celui que son cœur attendait ; bien mieux, le rêve s'était embelli de sa fantaisie de jouer à la bergère, et de tous les charmes imprévus d'un amour naissant. Elle avait donc été ravie et enchantée : perdant son cœur, elle avait perdu la tête ; elle avait suivi son amant au lieu de suivre sa mère.

Hector rejoignit Clotilde, mais, durant le trajet, ils n'osèrent se parler de la scène de la prairie. Hector augurait bien du silence de sa cousine ; il espérait qu'elle ne dirait pas un mot au château de son secret amour. Vain espoir ! Dès qu'elle trouva une échappée, le secret fut répandu. Le soir, M. de Langevy, la voyant plus pensive que de coutume, lui demanda si elle avait du chagrin.

— Je n'ai rien, dit-elle en soupirant.

L'oncle insista. — Clotilde, ma chère fille, qu'avez-vous ? Est-ce que le pèlerinage aux rives du Lignon a fait un mauvais miracle ?

— Oui, mon oncle.

— Est-ce que mon fils... Mais où est donc Hector ?

— Il est retourné au pèlerinage, lui.

— Que diable va-t-il faire là-bas ?

— Il a sans doute ses raisons.

— En vérité ! Voyons, ma nièce, est-ce que vous en savez quelque chose ?

— Pas le moins du monde, mon oncle; seulement...

— Seulement ? Allons dites-moi tout.

— Je vous le dis, mon oncle, je ne sais rien, mais j'ai vu la bergère de M. Hector.

— Sa bergère ! vous voulez rire, Clotilde. Est-ce que vous croyez aux bergères, vous ?

— Oui, mon oncle, car j'ai vu la bergère de M. Hector tombant évanouie sur le bord du ruisseau.

— Ventrebleu ! Une bergère ! Hector s'amouracher d'une bergère !

— Mais, mon oncle, c'est une très-jolie bergère en jupe de soie et en corset de satin.

— A la bonne heure. Mais quelle est

donc cette histoire? cela doit être piquant.
Qu'on m'apporte toute de suite ma gibecière
et mon fusil. Vous croyez, ma bonne Clotilde, que ce diable de garçon est retourné
à sa bergère?

— Oui, mon oncle.

— Ah ça, cette bergère-là a-t-elle des moutons?

— Non, mon oncle.

— Diable, diable, c'est plus dangereux.
Vous avez suivi le chemin de l'oseraie?

— Oui, mon oncle, mais j'imagine que la
bienheureuse bergère est plus près du village.

— Très-bien; j'espère les voir tout à
l'heure.

M. de Langevy partit tout en murmurant :
Des jupes de soie, des corsets de satin. Ah!
monsieur mon fils, je voudrais bien savoir
où vous prenez de l'argent pour habiller
ainsi vos bergères.

Le vieux baron alla tout droit à la Chaumière-des-Vignes, espérant que Babet lui
donnerait quelques renseignements sur les

prouesses d'Hector. Il trouva la vieille sur le seuil, se reposant des fatigues de la journée.

— Eh bien! Babet, quoi de nouveau sur votre terroir? dit le vieux baron d'une voix adoucie.

— Rien de nouveau, dit la vieille en voulant se lever par respect.

— Restez, restez, Babet, dit M. de Langevy en appuyant la main avec une familiarité rustique sur l'épaule de la vieille. Tenez, voilà bien à propos pour m'asseoir une botte de joncs et de roseaux.

A cet instant M. de Langevy entendit fermer la petite fenêtre du haut. — J'avais deviné, pensa-t-il. Voilà peut-être la cage de mes pigeons amoureux. Dites-moi, Babet, avez-vous vu mon fils cette semaine?

— Je le vois souvent, monsieur le baron; il vient chasser jusque dans mon enclos.

— A la bonne heure! Lui voyez-vous faire belle et bonne chasse?

— Aujourd'hui encore on m'a remis de sa part un lièvre magnifique, dont je ne savais trop que faire; j'ai fini par le mettre à la broche. Ma pauvre crémaillère était bien étonnée de voir ce morceau de roi.

— Ce lièvre n'était pas pour vous seule, sans doute?

— Et qui donc en mangerait avec moi? vous peut-être, monsieur le baron? Je serais bien fière de régaler un pareil hôte.

— Écoutez, Babet, parlons le cœur sur la main : je sais tout ce qui se passe, mon fils est amoureux d'une certaine bergère qui ne doit pas être loin d'ici.

— Je ne sais pas ce que vous voulez dire.

— Vous le savez si bien, que vous voilà toute troublée. Mais apaisez-vous, il n'y a pas grand mal à tout cela. C'est un simple enfantillage. Seulement, dites-moi un mot de cette fille.

— Ah! monsieur le baron, s'écria la pauvre Babet, qui croyait ne plus devoir feindre; c'est un ange, vous verrez, c'est un ange.

—Ah ça! d'où vient cet ange, s'il vous plaît? Il n'est pas descendu de cieux, j'imagine.

— Je ne sais pas un mot de plus, monsieur le baron, mais je prie Dieu à toute heure du jour que vous n'ayez pas d'autre fille.

— Nous verrons, nous verrons. Nos deux amoureux sont là-haut, n'est-ce pas ?

— Pourquoi vous le cacher ? Oui, monsieur le baron, ils sont là-haut qui s'adorent comme de vrais enfants du bon Dieu. Vous pouvez monter, car c'est un amour qui ne ferme jamais la porte.

M. de Langevy entra dans la chaumière, alla vers l'escalier, et monta légèrement. Il s'arrêta au milieu de l'escalier à la vue des amoureux, doucement appuyés l'un sur l'autre, l'un pleurant, l'autre consolant. Le vieux soldat fut presque touché, mais, la raison reprenant le dessus :

— A merveille ! dit-il en montant les dernières marches.

Daphné poussa un cri de surprise et de frayeur.

— Il n'y a pas de quoi pleurer, lui dit

M. de Langevy. Pour vous, mon fils, vous allez me confier un peu ce mystère.

— Je n'ai rien à dire, murmura Hector avec amertume.

Daphné, qui s'était détachée de ses bras, venait de tomber toute défaillante sur une chaise.

— Mon père, reprit Hector en s'élançant vers Daphné, vous voyez que votre place n'est pas ici.

— Ni la vôtre non plus, monsieur, dit le baron avec colère. Que signifient tous ces enfantillages? Vous allez sans retard prendre le chemin du château, si vous ne voulez que le château se ferme à jamais pour vous.

Hector ne répondit plus, il était tout à Daphné.

— Encore une fois, monsieur, dit le baron piqué, songez à ce que vous faites.

— J'y songe, murmura Hector en soulevant la pauvre fille dans ses bras. Le château se fermera à jamais pour moi si vous voulez.

— Voyons, monsieur, pas tant de jactance;

revenez-vous avec moi, ou restez-vous ici?

— Écoutez, mon père, je vous suivrai par respect; mais, je dois vous le dire, j'aime mademoiselle Deshoulières de toutes les forces de mon cœur; entre elle et moi, c'est à la vie, à la mort.

— Deshoulières, Deshoulières, j'ai ouï parler de ce nom-là. J'ai connu un M. Deshoulières dans nos campagnes de Flandre, un galant homme qui avait une belle femme, mais qui n'avait ni sou ni maille. Revenez-vous avec moi, monsieur?

Repoussé par Daphné, qui le suppliait de partir, Hector suivit son père en silence, espérant l'attendrir, espérant pouvoir bientôt aimer Daphné avec toute liberté de cœur et d'esprit. M. de Langevy salua la jeune fille, souhaita, en passant dans la chaumière, bon appétit à la vieille, et se mit en route en sermonnant son fils sur ses inclinations extravagantes. Pour toute réponse, Hector se retournait à chaque pas pour jeter un regard d'adieu à la petite fenêtre.

Quand Daphné vit disparaître Hector sous les arbres touffus du chemin, elle soupira, versa une larme d'adieu, et murmura : Je ne le verrai plus. Elle regarda d'un œil désolé les murs attristés par le soir de cette petite chambre qui avait renfermé tant d'espérances verdoyantes. Elle cueillit une rose sur la fenêtre, la respira tristement, l'effeuilla avec un plaisir sauvage, et jeta les feuilles au vent. — Ainsi je ferai de mon amour, dit la poétique amante, j'irai le jeter au vent de la mort.

Elle descendit en passant à son corsage la tige défleurie.

— Adieu, dit-elle en embrassant la vieille; adieu, je retourne avec résignation d'où j'étais venue si follement. Si vous revoyez Hector, dites-lui que je l'ai bien aimé; mais dites-lui qu'il m'oublie comme je vais l'oublier moi-même.

En prononçant ces derniers mots, la pauvre fille pâlissait et chancelait.

Elle partit, elle reprit le chemin du château d'Urtis. En arrivant à la prairie, ses yeux s'arrêtèrent sur la houlette qu'elle avait cassée le matin ; elle la ramassa et l'emporta comme le seul souvenir d'Hector. Le soleil était couché, la nuit tombait peu à peu comme une nuit de printemps, la nature dans tout son luxe répandait un parfum de bonheur qui fut amer pour Daphné. Elle tomba agenouillée, et pria Dieu tout en pressant la houlette sur son cœur.

VII.

Elle ne trouva plus sa mère au château ; madame d'Urtis l'accueillit avec bien de la joie.

— Eh bien! ma blanche brebis égarée, vous voilà donc revenue au bercail ?

— Hélas! dit la pauvre fille, oui, me voilà revenue, mais plus égarée que jamais; j'étais partie avec les plus folles et les plus riantes espérances, et je reviens toute seule. Voyez; voilà encore ma houlette cassée, mais, cette fois, Daphnis ne viendra plus m'en couper une autre.

Elle confia tout à madame d'Urtis.

De retour au château de Langevy, en face de son père et de Clotilde, Hector demeura fidèle à son cœur. Il raconta ce qui s'était passé avec l'enthousiasme entraînant de l'amour. M. de Langevy fut touché; Clotilde elle-même fut attendrie. Elle pria M. de Langevy pour Hector.

— Allons, mon oncle, vous aurez beau faire, on ne détruit pas les passions en les combattant, comme disait grand'mère.

— Les passions passent vite comme le vent, le temps balaie le cœur du bout de son aile, disait aussi votre grand'mère. Avant huit jours, Hector aura oublié sa bergère; telle est ma volonté.

— Autant en emporte le vent, mon oncle. Le cœur seul a de la volonté, car la volonté du cœur vient de Dieu.

— Allons, Clotilde, je vois que vous déraisonnez comme les autres.

— Ah! mon oncle, sur ce sujet celui qui déraisonne le plus est, je crois, le plus raisonnable.

— Je vous le dis encore, avant huit jours Hector aura changé de culte; vous le savez trop bien, vous n'avez pas en vain de si jolis yeux.

— Mon oncle, soyez-en sûr, Hector ne m'aimera jamais; et d'ailleurs, je ne tiens pas du tout à succéder à une autre : comme dit mademoiselle de Scudéry, en amour, les plus heureuses reines sont celles qui créent des royaumes dans les pays inconnus.

— Vous lisez des romans, Clotilde, tant pis; je ne raisonne ou ne déraisonne plus d'amour avec vous.

Hector prit son père par son côté faible :
— Songez-y, mon père; si j'épousais mademoiselle Deshoulières, je suivrais glorieusement la carrière des armes; le chemin, vous

me l'avez ouvert, et n'y serais-je pas dignement conduit par ce brave M. Deshoulières, que Louvois honore de son amitié? M. de Langevy finit par dire qu'il réfléchirait là-dessus; ce qui était beaucoup dire en faveur de l'amoureux.

Hector était le lendemain au point du jour à la Chaumière-des-Vignes.

— Eh bien! lui dit la vieille en lui ouvrant la porte, elle est partie, la chère fille.

— Partie! Et vous l'avez laissée partir! Mais je sais où la trouver.

Il courut au château d'Urtis. En arrivant à la porte, il vit avec un triste pressentiment un carrosse qui fuyait au bout du chemin. Il sonna d'une main agitée. Un vieux domestique le conduisit vers madame d'Urtis, qui lui parut triste contre sa coutume.

— Ah! c'est vous, monsieur de Langevy; vous venez sans doute pour revoir mademoiselle Deshoulières. Tout est fini entre vous deux, vous ne la verrez plus en ce monde, car dans une heure elle ne sera plus de ce monde : elle est partie avec ma fille de chambre pour le couvent du Val-Chrétien.

— Partie! s'écria Hector tout atterré.

— Elle m'a laissé son adieu pour vous en cette lettre.

Madame d'Urtis alla prendre un billet dans sa corbeille. — S'il vient jusqu'ici, donnez-lui cette lettre, m'a-t-elle dit.

Hector prit le billet de Daphné, l'ouvrit en pâlissant, et lut ces quelques lignes :

« Adieu donc, ce n'est déjà plus Daphné qui vous écrit, c'est une pauvre fille repentante qui va prier Dieu pour ceux qui souffrent. La fortune m'éloigne du monde, je me résigne, je vais m'enterrer vivante. Je ne me plains pas, car j'ai eu un beau rêve ici-bas. Un jour de bonheur m'a fait entrevoir le ciel ; nous avons commencé la plus fraîche églogue du monde ; nous n'avons pu la finir, mais les beaux rêves ne finissent qu'au ciel. Adieu. »

— Madame, dit Hector en baisant ce billet, avez-vous un cheval ?

— Qu'en voulez-vous faire ?

— Je veux rejoindre mademoiselle Deshoulières.

— Vous pouvez la rejoindre, mais non la détourner de son chemin.

— De grâce, madame, un cheval ; prenez pitié de mon malheur.

Madame d'Urtis, qui n'avait vu qu'avec regret la triste résolution de Daphné, fit seller un cheval pour Hector.

— Allez, lui dit-elle ; que Dieu vous conduise tous les deux !

Il partit au galop, il atteignit le carrosse en moins d'une demi-heure.

— Daphné, vous n'irez pas plus loin, dit-il en tendant la main à la triste résignée.

— C'est vous ! s'écria Daphné avec de la surprise, de la joie et de la douleur.

— Oui, moi qui vous aime comme une amante et comme une épouse; mon père a fini par entendre raison.

— Moi aussi, j'ai fini par entendre raison, et vous savez où je vais. Laissez-moi dans le bon chemin : vous êtes riche, je suis pauvre; vous m'aimez aujourd'hui, mais qui sait si vous m'aimeriez demain ! Je vous l'ai écrit; nous avons commencé un beau rêve, n'allons pas le gâter par une mauvaise fin. Que ce rêve garde toute sa fraîcheur, tout son parfum du mois de mai, toute sa grâce printanière. Nos houlettes sont cassées, on a déjà tué deux de nos moutons, on abat depuis hier les saules de la prairie. Vous voyez bien que notre plus doux soleil a lui. Votre épouse doit être celle que j'ai vue hier. (Comme vous l'embrassiez, méchant !) Épousez-la donc, et dans vos jours de bonheur, si vous vous promenez encore sur les bords du Lignon, mon ombre vous apparaîtra peut-être, mais cette fois je vous sourirai.

— Daphné, Daphné, je vous aime, je ne vous quitte plus, je vis ou je meurs avec vous.

Près d'un demi-siècle après ce jour, un soir, dans un hôtel de la rue Saint-Dominique, où l'on soupait gaîment, Gentil-Bernard, qui faisait toujours la gazette de la journée, apprit la mort d'un original qui avait recommandé de mettre dans sa bière un vieux bâton cassé.

— C'est M. de Langevy, dit Fontenelle. Il avait, à son grand regret, épousé la belle Clotilde de Langevy, qui se fit enlever si scandaleusement par un mousquetaire. Pour M. de Langevy, il avait fort aimé Bribri Deshoulières ; ce bâton cassé, c'était une houlette coupée durant leurs amours sur les bords du Lignon. Le dernier berger est mort, messieurs, il nous faut aller à son enterrement.

— Et Bribri Deshoulières, qu'est-elle donc devenue? demanda une dame.

— On m'a dit qu'elle était morte très-jeune dans un couvent du Midi, reprit Fontenelle; ce qu'il y a d'étrange, c'est qu'on a trouvé en l'ensevelissant une houlette attachée à son cilice.

LE CONCERT POUR LES PAUVRES.

A M. le Comte Auguste de Belloy.

1) SOMMAIRE POUR LES PAYSANS

I.

Vous, ami, qui l'avez connue, vous savez que de longtemps on ne trouvera pas sa pareille. Elle est restée dans notre mémoire à tous, comme une des plus charmantes figures qui aient brillé en ce temps-ci. Elle avait le génie, la beauté, la jeunesse, avec la grâce et la bonté qui font qu'on pardonne à la gloire. Elle a filé comme une étoile, mais on peut voir encore le sillon lumineux qu'a laissé son passage. Puisqu'il vous plaît d'entendre parler d'elle, et que tout ce qui se rattache à son souvenir a pour vous un attrait toujours souriant et toujours nouveau, je veux vous conter comment il me fut donné de la voir pour la première fois.

Il y a bien quelques années de cela. J'étais jeune et ne connaissais guère alors que mon village. Un ami de ma famille, qui me tenait en grande affection, ayant parlé de m'emmener dans le midi de la France, où l'appelaient des affaires de succession, on pensa qu'avant de me lâcher dans la vie, il ne serait pas mal de me faire courir un peu le monde. Je partis donc par une belle matinée d'avril, en compagnie de l'ami Jacques, dans une petite carriole qui jouait la chaise de poste à s'y méprendre, attelée d'une petite jument aux jarrets de fer, que son maître appelait *Bergère*. Vous jugez quel voyage enchanté ! Le printemps partout, en moi, autour de moi : tout fleurissait, bruissait, verdissait dans mon cœur comme sur la terre, et mes seize ans mêlaient leur ramage aux gazouillements des oiseaux dans les bois.

Nous allions à petites journées, à la façon des *velturini*, partant le matin, au soleil levant, prenant nos repas au hasard, couchant le soir à la grâce de Dieu. Mais, très-cher, rassurez-vous, vous n'avez point à redouter de nouvelles impressions de voyages. On ne m'a jamais vu parmi ces pèlerins indiscrets et bavards, qui vont frappant à toutes les portes, et secouant sans façon à tous les foyers la poussière de leurs sandales. Que raconter d'ailleurs et que dire? Il est des gens heureux : l'imprévu jaillit sur leurs pas; le fantastique et le pittoresque les escortent le long de la route; touristes prédestinés qui, de Paris à Saint-Cloud, trouveront le moyen d'écrire une odyssée. Moi, mon ami, tout au rebours, et je crois sérieusement que je ferais le tour du monde sans apercevoir la queue d'une aventure. J'ai quelquefois voyagé, à pied, à cheval, en voiture ; lancé, comme une flèche, par la vapeur, j'ai descendu le cours des fleuves ; comme Annibal, j'ai franchi les Alpes ; comme le pieux Énée, j'ai navigué sur la mer azurée ; l'Océan m'a porté sur sa croupe verdâtre. Eh bien ! je le confesse en toute humilité, rien ne m'est advenu d'étrange ni de romanesque : sur l'onde, bon vent et flot paisible ; sur terre, jamais d'autre drame que les accidents du paysage, et toujours devant moi le sentier sûr et battu de la réalité, s'allongeant inflexible et nu comme le rail d'un chemin de fer. Les départs au matin, par l'air frais et sonore ; les haltes au milieu du jour ; les pèlerinages aux vieux murs ; le salut échangé avec le contadin qui se rend à la ville ou retourne au hameau ; les conversations silencieuses de l'âme avec la nature ; les rêves confiés à la nuée qui passe ; les rencontres bienveillantes ; les arrivées le soir à l'hôtellerie ; l'accueil de l'hôte ; la curiosité, parfois la sympathie qu'éveille presque à coup sûr un visage étranger et jeune : tels sont, à vrai dire, les incidents solennels qui ont jusqu'à présent signalé mes voyages ; c'est, en quelques mots, tout le poëme de ma première campagne, moins l'épisode que je veux vous conter.

Mon ami Jacques parlait peu. Entre le lever et le coucher du soleil, il fumait de quinze à vingt pipes, et dormait le reste du temps. Bergère faisait de huit à dix lieues par jour, plus ou moins, suivant les étapes. Tout m'était nouveau et tout me ravissait, excepté pourtant les villes que nous traversions, et qui toutes me semblaient affreuses. Je me demandais s'il était possible que des êtres organisés comme mon ami Jacques et moi consentissent librement à traîner leur vie dans ces hideux repaires, auxquels je comparais avec orgueil le trou natal où j'avais grandi. Charme de la patrie ! puissance des lieux où s'est écoulée notre enfance ! magie du coin de terre où nos yeux se sont ouverts à la lumière des cieux ! Je me souviens de m'être rencontré, voici quelques années, dans un coupé de diligence, avec un élève du collége Saint-Louis, qui, pour la première fois depuis cinq ans, allait passer les vacances dans sa famille. Malgré la différence de nos âges, nous nous prîmes bientôt d'amitié l'un pour l'autre. C'était un aimable jeune homme, presque un enfant encore, turbulent, expansif et tendre. Il me parlait avec une joie pétulante de sa mère, de ses deux sœurs, du domaine où il était né et qu'il allait revoir après cinq ans d'absence. Je me plaisais à l'écouter : en l'écoutant je me reportais avec bonheur et mélancolie aux jours heureux de ma jeunesse. Comme nous venions de gravir à pied une côte rapide, arrivé sur le plateau, je ne pus m'empêcher de me récrier en voyant le paysage qui se déroulait à nos pieds. C'était merveilleux en effet : des bois diaprés de mille couleurs, des coteaux couronnés de pampres rougis par l'automne ; la rivière qu'enflammait le couchant ; des villages fumant çà et là ; des clochers perçant le feuillage éclairci; l'ombre des peupliers s'allongeant sur l'herbe des prés; puis, de la vallée montant jusqu'à nous, tous les parfums, toutes les rumeurs, toutes les harmonies du soir. Mon jeune gars hocha la tête. «Si vous voulez voir quelque chose de beau, me dit-il, il faut venir avec moi à Fresnes.—Qu'est-ce que Fresnes? lui demandai-je.— Fresnes, me répondit-il, c'est où je vais, c'est le domaine où je suis né, où m'attendent ma mère et mes sœurs. — Et c'est beau? — Oui, c'est un peu beau, ajouta-t-il avec un fin sourire. — Vous avez des bois? — Des forêts. — De l'eau? — Un lac, une rivière. — Des coteaux? — Vous pouvez dire des montagnes. — Ce doit être en effet un beau pays», lui répliquai-je. Le reste de la soirée, il ne fut question que de Fresnes entre nous. Le lendemain, dans la matinée, la diligence relaya devant la porte du Lion-d'Or, dans une méchante ville appelée, je crois, Saint-Maixent, à deux petites lieues de Fresnes : c'était là que mon jeune ami et moi devions nous séparer. Un domestique l'attendait en effet au débotté, avec deux chevaux. Le conducteur ayant déclaré que la voiture, par je ne sais quel vice d'administration, s'attarderait à Saint-Maixent au moins durant quatre heures, je cédai aux instances de mon jeune camarade, et me décidai à l'accompagner jusqu'au domaine de ses pères. J'étais curieux de visiter cet Éden, et d'en emporter l'image dans mon souvenir. J'enfourchai donc le cheval du serviteur, et nous partîmes au galop de nos bêtes. Nous avancions au milieu d'un pays plat, nu, sec et morne, mais je me rassurai en songeant à Vaucluse, où l'on arrive par enchantement, au détour d'un rocher aride. Enfin, après une heure de galop, nos chevaux s'arrêtèrent au bout d'un village, devant une grille de bois peinte en vert; mon compagnon se jeta à bas de sa monture, tomba dans les bras de trois femmes qui pleuraient de joie, et ce furent pendant quelques minutes des embrassements que la

parole humaine ne saurait exprimer. Bien que fort ému et véritablement attendri, je cherchais du regard le lac et la rivière, les montagnes et les forêts. A franchement parler, c'était un pays infâme. Les premiers transports apaisés, l'enfant me prit par la main.
— Tenez, me dit-il les yeux mouillés de larmes, voici nos forêts, nos montagnes, et là-bas notre lac et notre rivière. Hier, avais-je raison? savez-vous rien au monde de plus beau? J'ouvris de grands yeux pour mieux voir. Le lac était une mare où barbotaient une douzaine de canards; la rivière, un filet d'eau malsaine; la forêt, un bouquet de chênes au feuillage rongé moins par l'automne que par les chenilles; les montagnes, quelques quartiers de roc à moitié ruinés par les mineurs. Charme du pays natal! ainsi que je m'écriais tout à l'heure; et vous-même, mon cher Auguste, sous le ciel bleu de l'Italie, au milieu des orangers de la rivière de Gênes, n'avez-vous pas regretté parfois le parfum de vos pommiers en fleurs,

votre maison près du cours de la Seine, les allées de votre verger? Ne vous êtes-vous jamais oublié à chercher du regard le clocher de votre village, ce clocher déjà historique, et qu'à votre tour vous deviez illustrer plus tard !

Cependant, plus nous approchions du Midi, plus les villes prenaient une tournure coquette, un aspect élégant et propre. C'était toujours moins beau que la patrie, et certes j'aurais donné de grand cœur toutes les cités se mirant orgueilleusement dans le Rhône pour mon village, qui baigne modestement ses pieds dans les eaux de la Creuse ; mais c'était beau pourtant, j'en convenais. Vers la fin d'avril, par une soirée chaude et dorée comme un soir d'été, Bergère, la carriole, l'ami Jacques, sa pipe et moi, nous entrâmes triomphalement dans Carpentras. Voici, par exemple, une ville charmante, qui partage, je ne sais pourquoi, avec Brives-la-Gaillarde, Pézenas et Landernau, le privilége de fournir tous les niais et tous les jobards que sacrifie la littérature à l'amusement du public. Je ne connais ni Landernau, ni Pézenas, ni Brives-la-Gaillarde; mais je certifie que Carpentras, au pied du mont Ventoux, blottie dans son enceinte de remparts crénelés, comme une perdrix dans une croûte de pâté, est une des plus poétiques villes de France qui rôtissent au soleil du Midi. Nous descendîmes à l'hôtel des *Trois chats qui miaulent.* Sur l'enseigne en plein vent, un artiste de l'endroit avait peint trois chats dans un état d'exaltation difficile à décrire, et qui semblaient exécuter le trio le plus infernal qui se puisse imaginer.

A peine descendus de notre char, nous remarquâmes autour de nous une agitation qui ne devait pas être habituelle. Des groupes animés stationnaient devant l'hôtel et sur la place du théâtre. Il y avait avec l'air du printemps je ne sais quel air de fête répandu dans l'atmosphère. Des voitures arrivaient de toutes parts et se croisaient en tout sens. Nécessairement il se préparait là quelque chose de joyeux et d'étrange que nous ignorions ; car Bergère, mon ami Jacques et moi, nous étions trop inconnus et d'ailleurs trop modestes pour attribuer ce mouvement et ce concours de citoyens à notre passage en leurs murs. Il était clair qu'on attendait un prince du sang ou un acteur en représentation.

La cloche du dîner interrompit brusquement les commentaires auxquels nous nous livrions depuis quelques instants. A table d'hôte, j'observai pour la première fois une nouvelle espèce de bipèdes dont je n'avais même pas jusqu'alors soupçonné l'existence, M. de Buffon et les autres naturalistes ayant omis d'en faire mention dans leurs histoires. Mon ami Jacques m'assura que ces êtres bizarres étaient des commis voyageurs. Ils nous apprirent qu'on donnait le soir même à Carpentras, dans la salle du théâtre, un concert au profit des pauvres. Un concert ! à ce mot, je rougis de plaisir, ce que voyant, mon ami Jacques se prit à pâlir d'épouvante ;

car il y avait au monde deux choses qu'il avait en haine profonde : la première, sa femme, et la seconde, la musique. La musique était le seul point sur lequel nous différions de sentiment.

Il faut bien se dire qu'alors un concert était chose rare en province. A cette époque, l'éducation musicale de la France commençait à peine, et, pour ma part, je n'avais entendu d'autres concerts que ceux des oiseaux dans nos ramées. Depuis ce temps nous avons fait en ceci des progrès rapides, la France est devenue musicienne pour le moins autant que l'Allemagne. La mélomanie a tout envahi, et il est difficile de prévoir où s'arrêtera le mal. Il n'est pas, dans nos départements, une ville de quatre mille âmes qui n'ait une fois par semaine son concert d'amateurs, et tous les jours, à toute heure, deux ou trois cents mains occupées à tapoter sur le clavier de cet instrument sans âme et sans cœur qui s'appelle un piano : c'est une rage, une maladie. Dernièrement, j'ai revu mon village. Autrefois, voici vingt ans à peine, on n'y comptait qu'un clavecin, le clavecin de ma pauvre marraine. Je vois encore ses doigts blancs et secs se promenant sur les touches d'ivoire; j'entends encore sa voix mélancolique et tendre chantant les vieux airs de *Richard.* J'ai retrouvé mon endroit infesté de pianos, de cornets à pistons, de basses énormes, de trompettes colossales, et d'autres instruments antédiluviens. Le jour de mon arrivée, il y avait concert chez M. le maire; le lendemain, on donnait une sérénade à un député de l'opposition. Dieu me pardonne, je parierais qu'à cette heure la fille de ma nourrice a un piano, et que mon frère de lait joue de la flûte ou de la clarinette! Autrefois Toinette chantait les airs du pays en patois, et François nous faisait danser le dimanche, sur la place aux ormeaux, aux sons de la musette. Soyez sûr que la musique a déjà tué parmi nous beaucoup de bonnes choses qui la valaient peut-être. Elle a tué la comédie, la tragédie, le drame, le théâtre en un mot. Aux plaisirs de l'intelligence, qui demandent toujours un certain travail, elle a substitué un délassement qui n'en exige aucun. Pour en jouir, il suffit d'ouvrir les oreilles. Dans les familles, le piano a tué le silence d'abord, le recueillement, puis l'amour des livres et les lectures qui charmaient jadis les soirées d'hiver.

Les concerts sont aujourd'hui un divertissement assez commun et assez vulgaire, à la portée de tout le monde : on les donne à la douzaine. Je ne parle pas seulement de Paris, où nous avons des concerts en veux-tu en voilà; je parle aussi de la province, où il est bien difficile de passer entre deux rangées de maisons sans recevoir une sonate dans la poitrine. Mais au temps où je voyageais avec mon ami Jacques, dans la carriole traînée par Bergère, un concert était un événement, quelque chose de rare et de solennel. On s'y prenait trois mois à l'avance, et quand le grand jour avait lui, c'était de toutes parts une affluence pareille à celle qui encombrait

Carpentras à l'heure dont nous parlons. Il faut tout dire : à ce concert au profit des pauvres, on devait entendre plusieurs amateurs célèbres dans le département et aux alentours, entre autres un flageolet de Tarascon dont on racontait des merveilles. Mais l'attrait le plus vif, l'appât le plus séduisant, le vrai charme de cette fête, c'était la comtesse de R..., qui avait promis d'y concourir de sa grâce, de sa beauté, de sa voix et de son talent.

Or, il y avait sur la comtesse de R... toute une histoire, qu'on racontait de façons diverses. A ces propos, les êtres étranges que mon ami Jacques appelait des commis voyageurs s'en donnaient à cœur joie, et se permettaient une foule de traits subtils et de plaisanteries ingénieuses que je ne saurais trop redire. Toutefois, ce que j'entendais piquait au vif ma curiosité. J'appris que la comtesse de R... était, quelques années auparavant, une cantatrice célèbre; son nom, que n'a point dévoré l'oubli, résonne encore aujourd'hui entre les noms de Pasta et de Catalani, comme une harpe éolienne. N'ayant pu parvenir à faire de la prima donna sa maîtresse, le comte de R... en avait fait sa femme. On ajoutait qu'amant jaloux autant que mari sévère, après l'avoir enlevée au théâtre, il la tenait dans son château, où l'infortunée victime se mourait de regrets, de tristesse et d'ennui.

Peut-être n'étaient-ce là que des fables inventées à plaisir. Toujours est-il que depuis trois ans que la comtesse habitait le pays, on l'avait à peine entrevue. Si les uns vantaient sa jeunesse et sa beauté, d'autres affirmaient qu'elle n'était rien moins que jeune et belle. D'autres enfin prétendaient qu'elle avait perdu sa voix après quelques mois de mariage. A l'unique fin de savoir à quoi s'en tenir sur toutes ces questions, le pays, qui d'ailleurs n'aimait point le comte de R..., à cause de sa grande fortune, de son grand nom, de son rare esprit et de ses belles manières (j'ai su tout ceci plus tard), le pays, dis-je, avait imaginé de donner un concert pour les pauvres, et de prier la comtesse de R... de concourir à cette œuvre de charité. Le fait est que la charité n'entrait pour rien dans cette bonne œuvre; c'était tout simplement un prétexte pour arriver jusqu'à la mystérieuse châtelaine, un piége que lui tendait la curiosité des méchants et des sots, qui n'étaient pas fâchés en même temps de rappeler à M. le comte qu'il avait épousé une *chanteuse,* et de lui prouver qu'on était dans le secret de sa mésalliance. Une députation de notables s'était donc rendue au château. A leur grand désappointement, ils n'avaient pu pénétrer jusqu'à la comtesse, mais le comte les avait accueillis avec toutes sortes de bonnes grâces, et s'était empressé de promettre le concours de sa femme à l'œuvre charitable. La nouvelle s'en était répandue bientôt à dix lieues à la ronde, et voici pourquoi l'on accourait de toutes parts à cette fête.

Décider l'ami Jacques à prendre un billet

de concert, il n'y fallait pas songer : rien qu'à l'idée qu'on allait faire de la musique à Carpentras, il voulut atteler Bergère, et s'enfuir à la hâte. J'eus bien de la peine à l'en dissuader. Sur le coup de huit heures, il s'alla coucher, et moi, conduit par la foule, je pris, libre et joyeux, le chemin du théâtre. La salle était déjà pleine. Les concertants et leurs instruments occupaient la scène, ornée de fleurs et de guirlandes de feuillage. Un piano, destiné à la comtesse de R..., était placé près de la rampe, en face de l'assemblée. Tout le monde était à son poste; nul ne manquait, que la comtesse. Déjà on s'interrogeait avec inquiétude; tous les regards erraient çà et là; la comtesse de R... n'apparaissait pas. Après une heure de vaine attente, comme des murmures d'impatience commençaient à circuler dans la salle, l'orchestre prit le parti de commencer.

On joua d'abord l'ouverture de *la Caravane*. Je trouvai l'exécution parfaite et d'un effet magique; je ne me doutais pas jusqu'alors que, douze hommes étant donnés, on pût arriver à produire un pareil tapage. Flûtes, violons, basses et clarinettes rivalisèrent d'énergie et de bon vouloir ; j'en suais pour eux à grosses gouttes. Il n'est pas besoin d'ajouter que ce morceau fut couvert d'applaudissements frénétiques : les mères, les sœurs, les épouses, les cousines des exécutants, sanglotaient à pierres fendre et pleuraient comme des robinets ouverts. La dernière mesure achevée, tous les yeux cherchèrent la comtesse de R...; point de comtesse.

Au bout de quelques minutes de répit, un monsieur gros et court, habit noir et cravate blanche, s'avança sur le bord de la scène, salua gracieusement, tira de sa poche trois ou quatre morceaux de buis ; puis, après les avoir ajustés les uns aux autres, il annonça qu'à l'aide de ce léger instrument, il allait imiter le chant de tous les oiseaux, depuis le chant du rossignol jusqu'au croassement du corbeau. A ces mots, il courut dans l'assemblée un murmure de flatteuse approbation, auquel succéda presque aussitôt un profond et religieux silence. Ce monsieur gros et court était le flageolet de Tarascon.

Il imita d'abord le gazouillement du rossignol, puis successivement le ramage de la mésange et de la fauvette, le sifflement du merle, le cri de la chouette, le roucoulement de la colombe, le gloussement de la poule, le chant aigu du coq, et, comme il l'avait promis, le croassement du corbeau. Ce flageolet était à la fois une volière et une basse-cour. Après une heure de cet agréable exercice, que sembla goûter fort le public de Carpentras, le monsieur remit en morceaux son précieux instrument, les fourra dans sa poche, et se retira au milieu des applaudissements de la foule. Mon voisin de droite, qui ne pouvait croire aux merveilles qu'il venait d'entendre, assurait qu'il y avait des oiseaux cachés dans les coulisses. Mon voisin de gauche, aimable et fin railleur, était d'avis que ce monsieur envoyât son flageolet pour le faire empailler à M. Dupont, le naturaliste.

Au monsieur gros et court succéda un autre monsieur, long et mince. Celui-ci était d'Avignon. Il annonça qu'il allait, à l'aide d'un simple violon, imiter tous les instruments, depuis la flûte jusqu'au tambour, ce qu'il fit en effet avec les meilleures intentions du monde. Il joua de tous les instruments, excepté du violon. En y songeant, je me suis dit plus tard qu'il est ainsi beaucoup d'artistes chez qui le talent d'assimilation a tué l'individualité; habiles à tout reproduire, si ce n'est leur propre nature; écho de tous, si ce n'est d'eux-mêmes.

Au monsieur long et fluet succéda un troisième monsieur, chevelu, barbu, frisé, pommadé, bichonné, gants queue-de-serin, manchettes relevées sur le poignet; un beau, un dandy: le lion n'était pas encore inventé. Il avait la taille d'un tambour-major, des mains à tuer un bœuf d'un coup de poing, et des épaules à rendre jaloux Hercule. Il se mit au piano, et chanta *Fleuve du Tage,* d'une voix amoureuse qui nous plongea tous dans le ravissement. Dès lors, j'ai toujours professé une profonde admiration pour la valeureuse jeunesse qui charme ainsi les soirées du monde. Aller sur le terrain ; essuyer sans pâlir le coup de feu de son adversaire ; assister vaillamment à une bataille rangée ; charger l'ennemi d'un pied ferme ; marcher sans faiblesse au supplice : tout ceci n'a rien qui m'étonne. Mais en présence de deux ou trois cents personnes, se camper bravement devant un piano, et chanter dans sa barbe : *Je vais revoir ma Normandie,* ou autre complainte analogue, c'est le plus haut point d'héroïsme où l'homme puisse arriver. Ces messieurs ont fait leurs preuves de courage, et sont en droit de refuser un duel. Les femmes en ceci partagent mon opinion, et comme, en général, elles aiment les héros, il est bien rare qu'un chanteur de romances ne l'emporte pas auprès d'elles sur un homme d'esprit.

Cependant la comtesse n'arrivait pas. Il était près de dix heures : raisonnablement on ne devait plus compter sur elle. Toutefois on attendait, on espérait encore, lorsqu'un quatrième monsieur, de Carpentras celui-là, le chef d'orchestre, le meneur de la fête, s'approcha de la rampe, et, après trois saluts compassés, communiqua à l'assemblée une lettre qu'il venait de recevoir à l'instant. C'était une charmante petite lettre, par laquelle madame de R... s'excusait de ne pouvoir se rendre au concert, et priait MM. les commissaires de vouloir agréer son offrande avec ses regrets. Cette lettre était accompagnée d'un billet de mille livres.

On pense si ce dût être un cruel désappointement pour les curieux, les sots et les méchants. Ce fut un tohu-bohu général, un *tolle* universel. Que ne dit-on pas? que n'entendis-je pas ? Il était assez clair que la comtesse était vieille et laide, puisqu'elle refusait de se montrer ; qu'elle avait perdu sa voix, puisqu'elle refusait de se faire entendre. Mais ce fut l'envoi du billet de mille livres qui surtout échauffa la bile de ces honnêtes gens. Il convenait bien à une chanteuse des rues de prendre ainsi des airs de princesse ! Les pauvres de Carpentras avaient-ils besoin des munificences du château de R... ? La ville ne suffisait-elle pas à nourrir ses pauvres ? On était d'avis que ce billet de mille livres fût immédiatement renvoyé à l'orgueilleuse donataire. En même temps, comme le plus grand nombre n'avait payé que pour voir et pour entendre chanter la comtesse, ce n'étaient de toutes parts que gens qui se disaient volés et réclamaient impérieusement leur argent : si bien que, de ce concert donné au profit des pauvres, les pauvres couraient grand risque de ne retirer d'autre bénéfice que l'avantage de n'y avoir point assisté.

L'indignation allait croissant, l'exaspération était au comble. Vainement, pour apaiser les passions déchaînées et couvrir le bruit de l'orage, l'orchestre attaqua, avec une vigueur peu commune, l'ouverture de *Lodoïska ;* l'orage couvrait le bruit de l'orchestre. Il m'est arrivé, depuis cette soirée mémorable, d'assister à bien des concerts, mais je ne pense pas avoir jamais entendu un pareil vacarme, pas même à un concert donné tout récemment par une gazette musicale. On sifflait, on hurlait ; une demi-douzaine de chiens, qui avaient suivi leurs maîtres, poussaient des aboiements plaintifs, auxquels de mauvais plaisants répondaient par des miaulements lamentables. Les enfants piaulaient, les femmes criaient, les hommes menaçaient de jeter les banquettes sur le théâtre, et, au milieu de la tempête, l'ouverture de *Lodoïska* allait toujours son train ; les Tartares étaient dans la salle.

Il était difficile de prévoir comment se terminerait cette scène de confusion et de désordre, quand soudain les flots en fureur retombèrent silencieux et immobiles, comme si le doigt de Dieu leur eût commandé de se taire et de se calmer.

II.

Une jeune étrangère avait d'un pied léger, sans que nul s'en fût aperçu au milieu du trouble général, franchi les degrés qui séparaient le parquet du théâtre, et soudain on la vit apparaître, assise devant le piano destiné à madame de R..., comme un ange descendu du ciel. N'était-ce pas un ange en effet? Elle semblait toucher à peine aux premiers jours de la jeunesse : les grâces naïves de l'enfance ornaient encore son charmant visage; mais déjà l'éclat du génie illuminait son front et ses regards. Elle se tenait simple et grave, sans embarras et sans hardiesse, la bouche demi-souriante. A cette apparition, tout fit silence. Quelle était cette femme? Personne n'aurait pu le dire. Tous les yeux étaient rivés sur elle; mais elle, calme et sereine, paraissait remarquer à peine la foule qui la contemplait. Elle dénoua les rubans d'une capote blanche, qu'elle déposa négligemment à ses pieds. Sa coiffure était basse; ses cheveux, séparés sur le front, s'abattaient le long de ses tempes, lisses et noirs comme des ailes de corbeau. Elle ôta ses gants, et ses petites mains coururent sur le clavier. Enfin, après avoir préludé durant quelques instants, la jeune étrangère chanta.

Anges et séraphins aux ailes frémissantes, qui tenez là-haut les harpes d'or et chantez en chœur aux pieds de l'Éternel, comment donc chantez-vous, harmonieuses phalanges, si l'on chante ainsi sur la terre! J'écoutais, éperdu, sans haleine, immobile, et tous écoutaient comme moi. Ce que j'entendis, nul ne saura jamais l'exprimer. Elle chantait dans cette douce langue que les femmes et les enfants gazouillent sur les bords de l'Arno. Ce furent d'abord de suaves modulations qui s'épandirent comme de belles nappes d'eau sous de frais ombrages, pour s'égarer bientôt en de gracieux méandres, telles qu'un fleuve au cours lent et paisible entre des rives embaumées. Je crus voir, je vis un instant, les flots mélodieux s'échapper de ses lèvres, je les sentis me soulever et m'emporter dans les célestes espaces. Magie du chant! puissance de la voix! Dans cette salle enfumée, à la lueur des quinquets huileux, sur une banquette poudreuse, il me sembla que j'assistais pour la première fois aux splendeurs de la création. Elle disait, sur un ton doux et grave, le charme des nuits sereines, les mutuelles tendresses à la clarté des astres d'argent, la barque sillonnant en silence le miroir du lac endormi ; et moi, la tête entre mes mains, je voyais, comme dans un rêve, les montagnes d'azur au travers des roses vapeurs du couchant, je respirais les parfums du soir, j'entendais s'éveiller les brises, et les soupirs amoureux se mêler au murmure de l'onde et au frissonnement du feuillage.

Ce premier chant achevé, l'assemblée resta silencieuse, immobile ; pas un bruit, pas une rumeur, pas un mouvement dans la salle, suspendue tout entière aux lèvres de l'enchanteresse. On écoutait encore. La jeune femme avait laissé ses doigts sur les touches d'ivoire. Après les avoir tourmentées au hasard et d'un air distrait, elle s'abandonna de nouveau à l'inspiration de ses souvenirs. Que vous dirai-je? Vous voyez bien que je suis là comme un pauvre diable de muet que les émotions étouffent et qui n'a qu'un cri pour les exprimer. J'ai toujours aimé la musique, et n'ai jamais pu rien entendre au vocabulaire musical. Cette langue hérissée de bémols et de bécarres m'est aussi familière que le sanscrit et le persan. J'aime la musique à la façon des lézards, qui seraient fort en peine, j'imagine, de dire si la symphonie qui les charme est en *ut* majeur ou en *si* mineur. Comment donc vous rendrais-je les effets de cette voix, qui, tour à tour vive et légère, tendre et sonore, grave et profonde, jaillissait, éclatait, se brisait en cascades de notes cristallines, coulait à flots harmonieux, grondait comme le torrent dans l'abîme ? Il y avait en elle la grâce des jeunes amours, et l'énergie des passions terribles. Ainsi, la belle inspirée exprima tour à tour les joies naïves, les coquetteries agaçantes, les emportements jaloux, les transports brûlants et les douleurs éplorées ; j'entrevis pour la première fois l'image des poétiques héroïnes dont le nom ne m'était point encore révélé, Rosine, Anna, Juliette, Elvire. Elle chanta la romance du *Saule* que j'avais entendu chanter à ma marraine ; je crus entendre cette fois la Desdemona de Shakespeare, mélancolique comme la nuit qui semble gémir avec elle, pressentant sa terrible destinée, la prédisant dans chacun de ses accents, la racontant dans chacun de ses regards, Desdemona près de mourir. Qu'elle était belle alors et touchante! Puis elle chanta des chants du Tyrol, agiles et bondissants comme le chamois sur la neige des cimes alpestres; car cette voix, qui savait descendre si profondément dans les cœurs, savait aussi se jouer en fantaisies éblouissantes.

Après nous avoir tenus durant près d'une heure dans un enivrement que je ne cherche pas à décrire, elle se leva calme et souriante. En cet instant, la salle éclata, et je pensai que la voûte s'effondrerait sous les applaudissements de la foule. J'ai cru dès lors à tout ce qu'on nous a raconté de l'influence d'Orphée sur les bêtes de son pays. Tous les cœurs étaient émus, tous les yeux mouillés de larmes. J'ai plus tard assisté à bien des triomphes de ce genre ; j'ai vu des pianistes épileptiques exciter des admirations effrénées ; j'ai vu lancer des roses et des camélias à la tête de gros ténors bien portants ; mais jamais je n'ai retrouvé les émotions de cette soirée, si grotesque au début, et qui finissait d'une façon si imprévue et si touchante. On ne songeait même pas à se demander quelle était cette jeune femme que personne ne connaissait ; l'enthousiasme avait absorbé la curiosité. Cependant, toujours calme et sereine, la bouche épanouie dans un demi-sourire, elle ne paraissait pas se douter de ce qui se passait autour d'elle. Le flageolet de Tarascon s'étant avancé pour la féliciter, elle lui rit gentiment au nez : le génie que nous venions d'entendre n'était plus qu'un enfant espiègle. Au milieu des applaudissements, sous le feu de tous les regards, elle remit tranquillement ses gants et sa capote de voyage ; puis, ouvrant un petit sac de velours vert qu'elle avait gardé jusqu'alors suspendu à son bras par une torsade de soie à glands d'or, elle le façonna comme une bourse de quêteuse, et le présentant dans le creux de sa main aux personnes qui l'entouraient :

— Messieurs, pour les pauvres de votre ville! dit-elle de cette voix qui savait si bien le chemin des âmes.

Vous pensez si les applaudissements redoublèrent, et si chacun s'empressa de mettre la main à sa poche. Les pauvres de Carpentras firent là une bonne soirée. Ce fut une averse de blanches petites pièces qui tomba de toutes parts dans le sac de la belle quêteuse. Je vis une femme élégante et parée, toute émue encore et toute frémissante, détacher de son bras un riche bracelet, le glisser dans la bourse, puis baiser la main qui la lui présentait. Je vis une jeune fille simplement vêtue, et qui sans doute n'avait rien à donner, y déposer en rougissant le bouquet de violettes qu'elle tenait à la main et qu'elle avait mouillé de ses larmes. Quelle pluie de fleurs valut jamais cette modeste offrande? La quête achevée, l'étrangère, après en avoir versé le produit sur la table du piano, retira le bouquet de violettes qui s'y trouvait mêlé, et, l'ayant mis à sa ceinture, elle offrit à la jeune fille son petit sac vert en échange.

Je n'ai pas besoin d'ajouter que le concert n'alla pas plus loin ; les violons étaient rentrés dans leurs boîtes, les clarinettes dans leurs étuis. Appuyée sur le bras de sa femme de chambre, la belle inconnue se retira à travers les flots empressés qui s'ouvrirent pour la laisser passer. Déjà les musiciens complotaient une sérénade, et les jeunes gens de Carpentras se proposaient de lui offrir un banquet patriotique. Malheureusement une chaise de poste, attelée de quatre chevaux, attendait à la porte du théâtre : les postillons étaient en selle. Elle monta dans la voiture, et, au moment où M. le maire s'avançait pour la complimenter, les fouets claquèrent, les chevaux partirent au galop, et la chaise disparut bientôt au milieu des cris et des bénédictions de la foule.

Était-ce un rêve? je ne savais. J'étais ivre. Il faisait une nuit magnifique ; je m'échappai de la ville et gagnai les campagnes que la lune baignait de ses molles clartés. A coup sûr, de nouvelles facultés venaient d'éclore en moi : mes perceptions étaient plus nettes et plus rapides, mes sens plus fins et plus délicats. Je saisissais dans le silence de la nuit des harmonies qui me parlaient pour la première fois, dans la contemplation du ciel étoilé et des champs endormis, des spectacles dont je n'avais jamais soupçonné jusqu'alors les merveilles et la poésie. Et toujours cette voix, cette voix qui chantait dans mon cœur! Je ne rentrai qu'à l'aube naissante. Mon ami Jacques dormait encore. Je l'éveillai brusquement et lui sautai au cou ; mais lui, voyant que c'était de musique qu'il s'agissait, m'envoya à tous les diables, remit sa tête sur l'oreiller, et se prit à ronfler de plus belle.

Une indisposition de Bergère nous obligea à prolonger notre séjour à Carpentras. Durant les quelques jours que nous y restâmes, il ne fut question que du concert pour les pauvres, de la comtesse de R..., et de la mystérieuse étrangère. Chacun se perdait en commentaires plus absurdes les uns que les autres. Comme il n'y avait pas d'autre sujet de conversation à la table d'hôte des *Trois chats qui miaulent*, mon ami Jacques était d'une humeur de sanglier. Las d'entendre parler musique, un beau matin il attela Bergère, qui entrait à peine en convalescence, et nous partîmes au petit trot, lui jurant bien de ne jamais remettre les pieds dans cette ville de malheur, et moi emportant un des plus charmants souvenirs que devait me laisser ma jeunesse. Aussi vous ai-je toujours défendue contre les railleurs, ô ville aux remparts crénelés ! Aussi m'apparaissez-vous toujours pleine de grâces et d'harmonies, ô cité que Pétrarque aimait! Je n'ai jamais écrit votre grand nom qu'avec respect, ô Carpentras, et, tant que je vivrai, vous aurez une plume amie pour répondre à vos détracteurs.

Notre voyage s'acheva comme il avait commencé, l'un rêvant, l'autre fumant. Nous visitâmes Nîmes, Arles, Montpellier, Marseille. Nous eûmes la douleur de perdre Bergère à Alais ; la noble bête creva sur la paille. Après avoir terminé ses affaires et recueilli çà et là quelques milliers de francs qui lui revenaient de l'héritage d'une vieille tante, l'ami Jacques acheta un petit cheval qu'il baptisa du nom de *Bistouri*, en mémoire de son premier maître, chirurgien terrible et barbare, et nous retournâmes à notre village avec ce nouveau compagnon. C'était un animal aux jarrets moins solides que ne l'étaient ceux de la défunte (c'est Bergère que je veux dire), entêté, capricieux, fantasque, ne se gênant pas pour flâner le long des haies vives et se rouler gaiement dans la poussière du chemin, buvant à tous les ruisseaux, tondant tous les gazons, ruant, reniflant, gambadant, portant au vent, au demeurant le meilleur fils du monde. Ainsi, je m'en revins comme j'étais allé ; mais ému, mais troublé, plongeant un regard avide dans toutes les chaises de poste qui filaient près de nous sur la route, et rapportant dans mon cœur des voix confuses et de vagues images qui ne s'y trouvaient pas au départ. Bistouri nous versa trois fois dans des fossés, et nous arrivâmes sans plus d'accidents au pays.

L'année suivante, on me mit la bride sur le cou et on me lâcha dans Paris. Je hantai l'Opéra, les concerts ; mais la voix que je cherchais, je ne l'entendis nulle part, si ce n'est dans mes songes où je l'entendais toujours. Tout ce que je vis me sembla terne et froid. Les talents les plus admirés me faisaient sourire ; les chants les plus applaudis me trouvaient distrait et indifférent ; les idoles des loges et du parterre me paraissaient indignes des ovations qu'on leur décernait. Malgré leur pompe et leur éclat, toutes ces représentations où je courais avec la foule me laissaient triste et désenchanté. J'avais alors un petit camarade, grand amateur de musique, passionné pour les beaux chants et pour les belles voix. Nous allions ensemble aux théâtres lyriques; et nous revenions ensemble, la nuit, le long des quais, bras dessus bras dessous, lui joyeux et plein d'enthousiasme, moi chagrin et le front baissé. Lorsqu'il me demandait pourquoi j'étais ainsi, je répondais par cette moitié de phrase devenue proverbiale entre nous : « Ah! si tu avais assisté, l'an passé, à un concert pour les pauvres qui s'est donné à Carpentras... » Et lui de m'interrompre et de rire à votre nom, ô ville éternellement chère, où j'entendis pour la première fois chanter cette âme mélodieuse qui n'est restée, sur la terre comme dans vos murs, que le temps de charmer le monde!

Découragé, j'avais pris le parti de m'en tenir au chant de mes souvenirs, et depuis quelques mois je n'accompagnais plus mon petit camarade dans ses excursions. L'hiver arriva ; c'était le premier que je subissais à Paris. Un jour, mon petit ami entra dans ma chambre, radieux et triomphant comme Christophe Colomb après la découverte de l'Amérique. Il avait, lui aussi, pas plus tard que la veille, découvert un nouveau monde : il avait découvert le Théâtre-Italien. L'enfant m'en raconta des merveilles, et m'assura qu'on pouvait s'y risquer, *même après avoir assisté au concert pour les pauvres qui s'est donné à Carpentras.* Je branlai la tête d'un air incrédule. Il insista, mais vainement ; je n'avais point goût à de nouvelles expériences ; d'autres soins d'ailleurs m'occupaient ; enfin, faut-il le dire ? j'étais jaloux pour la voix qui chantait dans mon cœur, jaloux comme un amant pour la beauté de sa maîtresse, et je sentais que je souffrirais, si je rencontrais sa rivale.

Dès lors, il ne s'écoula guère de jours sans que mon petit dilettante revînt à la charge. Tous les soirs de Bouffes, il arrivait, passé minuit, s'asseyait sur le pied de mon lit, et Dieu sait tout ce qu'il me fallait essuyer de pâmoisons et d'enthousiasme. Plus d'une fois je fus tenté d'en agir avec lui comme avec moi mon ami Jacques avait agi à Carpentras. Je dois convenir cependant qu'il avait fini par piquer au vif ma curiosité, et réveiller en moi la fibre musicale. Il me parlait surtout de deux reines du chant qui se partageaient la couronne; je brûlais et je tremblais en même temps de les voir et de les entendre.

Un soir, enfin (je m'en souviendrai toute ma vie), j'avais lu *Otello* sur l'affiche; par un de ces brouillards compactes qui parfois enveloppent Paris comme un linceul, j'allai m'ajouter à la file qui assiégeait la porte du Théâtre-Italien. Après une heure d'attente, sous la brume fine et glacée qui me transperçait jusqu'aux os, la file ondula lentement, comme les anneaux d'un serpent qui s'allonge. Je pénétrai un des derniers dans le sanctuaire; disons mieux, je n'y pénétrai pas. Je trouvai le temple envahi, et ce ne fut pas sans peine que j'obtins la faveur d'un tabouret dans un couloir. Sur le coup de huit heures, je sentis un frisson passer sur toutes les âmes. Le rideau se leva, et tel était le religieux silence, que je pus entendre longtemps frémir les derniers accords de l'orchestre, qui s'élevèrent légers comme un nuage, planèrent sur la foule immobile, et se brisèrent à la voûte, comme l'onde émue contre la pierre du bassin qui l'enferme. Je ne voyais rien, mais tous les sons arrivaient jusqu'à moi. J'écoutais dans le ravissement, je croyais écouter aux portes du ciel, et, je l'avoue, ingrat, j'oubliais Carpentras, quand tout d'un coup un mouvement se fit dans la salle, et une triple bordée d'applaudissements salua l'apparition de Desdemona. Je cherchais du regard la jeune Vénitienne, mais un rempart vivant me cachait le théâtre et la scène. La foule était redevenue muette. Desdemona chanta. Aux premiers accents de cette claire voix, je tressaillis des pieds à la tête. Était-il vrai? ne me trompais-je pas? n'étais-je pas le jouet d'une illusion? Était-ce bien la voix de mes rêves? J'essayai de rompre le rempart qui me fermait l'entrée de la salle; mais je l'essayai vainement, et je retombai sur mon siége. J'hésitais, je doutais encore; mais lorsque j'entendis la romance du *Saule*, je ne doutais plus, c'était elle! Après la chute du rideau, je me jetai, par un effort désespéré, dans l'orchestre. Bientôt la toile se releva aux acclamations de l'assemblée, qui rappelait Desdemona sur la scène; Desdemona parut. La clarté des lumières vacilla au bruit de longs cris d'enthousiasme, les fleurs pleuvaient, les loges étincelaient de pierreries, les écharpes blanches et roses s'agitaient dans l'air embaumé. Simple et naïve dans son triomphe, je la reconnus bien : c'était elle, c'était l'ange voyageur qui, parfois sur sa route, s'amusait à chanter pour les pauvres.

Le nom qu'avaient crié les loges et le parterre, je ne l'avais pas entendu.

— Monsieur, demandai-je à mon voisin, comment appelez-vous la cantatrice qui vient de chanter le rôle de Desdemona?

Mon voisin me regarda d'un air curieux, comme si j'arrivais du Congo.

— Madame Malibran, me dit-il.

Hélas! rien n'a pu attendrir la mort inexorable, ni tant de génie uni à tant de grâce, ni l'amour du public, ni l'éclat de la gloire et de la beauté! C'est que la cruelle, comme l'a dit le vieux poëte, s'est bouché les oreilles; autrement elle n'eût point osé la frapper. Ah! ne la plaignons pas. Elle a succombé dans la fleur de ses jeunes années; elle s'est ensevelie dans le luxe de tout son feuillage. Qui pourrait dire ce que la vie lui réservait? Elle n'aura pas, comme tant d'autres, assisté à sa déchéance, ni vu pâlir son étoile et sa couronne s'effeuiller. Elle n'aura connu ni les défections du talent, ni l'ingratitude de la foule, ni les trahisons de la célébrité. La mort lui a fait un printemps éternel, et les années qui nous vieilliront ne mettront point une ride à son front. Heureux donc ceux qui meurent ainsi, avant d'avoir suivi le convoi de leur jeunesse! ils sont les élus du Seigneur.

FIN.

TABLE DES MATIÈRES.

MADAME DE VANDEUIL.	1
ÉLÉONORE ET LÉTITIA.	115
LE DUC DE PENTHIÈVRE.	193
UN ROMAN SUR LES BORDS DU LIGNON.	219
LE CONCERT POUR LES PAUVRES.	295

www.ingramcontent.com/pod-product-compliance
Lightning Source LLC
Chambersburg PA
CBHW060323170426
43202CB00014B/2648